LES DENTS DE LA MAIRE

Benoît Duteurtre

LES DENTS DE LA MAIRE

Souffrances d'un piéton de Paris

récit

Fayard

Couverture : création Hokus Pokus
Illustration d'après © GUINGM5 / ADOBE STOCK

Dépôt légal : janvier 2020
ISBN : 978-2-213-71664-0

À pied, à vélo, en trottinette, en poussette, les joggeurs et les flâneurs ont fait du patrimoine parisien une autoroute urbaine joyeuse et citoyenne. Le moyen le plus rapide de traverser la ville.

Anne Hidalgo
(Voeux 2019)

Préambule responsable

Hier Vera au téléphone m'a demandé si je connaissais un spécialiste des problèmes respiratoires. Elle toussait depuis la veille, sans interruption, comme chaque fois que la ville atteint l'un de ces « pics de pollution » dont le nombre ne varie guère malgré le programme de lutte initié par la mairie. Quant à moi, peu sensible aux nuisances atmosphériques et capable de survivre sous un pot d'échappement, je n'avais aucun remède à lui conseiller, mais je lui ai recommandé un ami médecin. Puis je suis allé me promener sous le ciel bleu d'hiver. Au moment de sortir de l'immeuble, j'ai trouvé dans ma boîte aux lettres un bulletin municipal titrant triomphalement :

« *Paris respire* »

J'ai souri tristement en songeant que si Paris respirait, Vera, de son côté, ne respirait plus guère à Paris. Dans ma rue, les voitures se traînaient l'une derrière l'autre. Les moteurs ronronnaient. Coincé dans le ralentissement, un véhicule de police venait d'activer sa sirène et j'ai dû me boucher les oreilles en attendant qu'il passe. On n'avait jamais vu pareille circulation ici ; sauf ces derniers temps où les travaux pour transformer les grands axes en pistes cyclables congestionnent partout le trafic et renvoient ailleurs les conducteurs à la recherche d'une issue de secours. L'air sentait mauvais, la journée commençait mal. Pour me rassurer, j'ai observé de nouveau cette brochure et son titre : *Paris respire*. Probablement résumait-il une intention plutôt qu'une réalité : « (il est temps que) Paris respire ». Pour l'heure, je devais m'armer de patience et faire confiance aux autorités en attendant qu'un jour Paris respire vraiment.

*

La rue était plus calme ce matin. Mais, tournant au coin pour aller faire quelques courses, j'ai manqué de me faire renverser par une trottinette qui, sur ma droite, arrivait à toute vitesse dans un silence absolu. Dressé devant son guidon, casque sur les oreilles, le pilote semblait indifférent aux passants, ou trouvait amusant de les frôler en les évitant de peu. Il était déjà loin quand j'ai dressé le poing en criant :

– Goujat ! Ne savez-vous pas que c'est interdit sur les trottoirs ?

Je commençais à me calmer et reprenais mon chemin quand un coup de sonnette m'a fait sursauter sur ma gauche. Un cycliste qui déboulait m'a jeté un regard furieux en jurant à son tour :

– Attention, connard, c'est une piste cyclable !

Comme toute personne interpellée de la sorte, j'ai commencé par lui renvoyer son insulte avant de m'aviser que j'avais bien, effectivement, posé un pied sur cette piste, difficile à distinguer de la chaussée comme du trottoir. J'ai donc ravalé ma colère et poursuivi mon chemin en songeant que de nouveaux réflexes viendraient avec l'habitude. Au carrefour suivant, dressant la tête vers un panneau d'affichage, j'ai pu lire ce slogan qui venait de s'inscrire en lettres lumineuses :

« *Paris favorise les circulations douces* »

À ces mots, comme la veille, j'ai souri intérieurement et songé que, de la douceur théorique à la douceur effective, la voie serait longue et semée d'embûches ; mais je n'avais d'autre choix que de m'adapter.

*

Jour après jour je lutte pour contrôler mes agacements et, surtout, pour m'en tenir à ce que j'entends : le monde est en mutation, la survie de la planète est en jeu, nos habitudes doivent changer, la politique municipale illustre ces bonnes intentions qu'il faut désormais mettre en œuvre.

Mais, alors que je me raisonne durant le jour, un curieux phénomène se produit durant mes nuits, comme si une autre réalité s'imposait à moi par le biais des rêves. Ou plutôt des cauchemars, quand cette créature apparaît à deux heures du matin et semble prendre plaisir à me persécuter au nom des mêmes bonnes intentions.

Elle a de longs cheveux noirs et ressemble comme deux gouttes d'eau à la femme qui règne à la mairie de Paris. Exaspérée par mes doutes sur sa politique, elle apparaît dans mon sommeil, décidée à me remettre sur le bon chemin. Elle me parle de développement durable, de fêtes citoyennes, de ville responsable, de végétalisation des places, de potagers urbains, de lieux pacifiés et multi-usages… Puis, à chacun de ces mots, agitant sa baguette telle une sorcière, elle lance devant moi un nouveau chantier bruyant et polluant. Je tente parfois de me défendre, sans grand succès, jusqu'au moment où, épuisé, je finis par me soumettre en promettant de faire un effort. Elle disparaît alors jusqu'à la nuit suivante.

Parfois, elle change d'aspect et je l'entends qui m'appelle, au pied de mon immeuble, sous les traits d'une monitrice de colonies de vacances. Derrière elle des Parisiens de tous âges se tiennent à la queue leu leu, tandis qu'elle leur enseigne comment on doit vivre désormais :

– Oubliez vos familles et vos moindres habitudes : nous avons six ans pour transformer notre mode de vie. Maintenant grimpez sur vos vélos et tous en file derrière moi !

Un petit vieux chancelant s'efforce de lui obéir comme les autres. Et je pédale, et nous pédalons jusqu'à l'épuisement.

Voyant mon sommeil ainsi perturbé, j'ai commencé à me demander si ces visions ne traduisaient pas une affection plus sérieuse. Pourquoi les travers que je combats pendant le jour ressurgissent-ils au cœur de la nuit ? Pourquoi ma volonté de m'adapter fait-elle place à ces conflits imaginaires ? Et pourquoi fixer mes obsessions sur cette femme qui, après tout, est une élue désignée par les Parisiens pour faire ce qu'elle fait ? Ai-je raison de la regarder comme une ennemie ? Est-ce parce que derrière les discours, les promesses, les perspectives radieuses, mille choses se dégradent autour de moi, changeant la nature de la vie parisienne et tout ce que j'aimais dans cette ville ? Décidé à tirer les choses au clair, j'ai fini par ouvrir une page sur mon écran pour ordonner mes pensées en les inscrivant noir sur blanc.

*

Dans sa *Critique de la vie quotidienne*, parue en 1958, le philosophe marxiste Henri Lefebvre rendait ses droits à la vie concrète dans l'étude des transformations du monde. Il soulignait que, si les discours politiques et leur phraséologie nous disent certaines choses, la vie quotidienne révèle d'autres vérités. C'est ce genre d'expérience que j'aimerais accomplir ici, sans prétendre aborder toute la politique parisienne, mais en relatant simplement mes sorties dans Paris, puis en les confrontant aux discours qui prétendent nous offrir une société meilleure, une ville plus saine, une nouvelle jeunesse, une ouverture au monde, une capitale qui respire, une cité responsable... On connaît leur vocabulaire. Hier, ils promettaient le modernisme de la circulation, aujourd'hui, ils nous offrent du sport, de la fête et du développement durable. On peut lire leurs slogans et s'en contenter. On peut aussi, concrètement, ouvrir les yeux sur ce qui nous entoure.

Ces réflexions n'éviteront aucun de mes défauts : comme cette manie du changement de registre, ces glissements de l'analyse à la fantaisie, ou cette réflexion très subjective fondée sur des impressions personnelles pour en tirer des théories. J'y succombe facilement au goût de la polémique. Je n'hésite pas à faire rire au détriment des autres, ni à ironiser sur les créations d'artistes et d'urbanistes pourtant sincères dans leur volonté de changer nos cités pour les rendre plus belles, quand ils pourraient se contenter de les entretenir. Mais, surtout, je manque de considération pour la logique de ceux qui nous administrent à coups de « grands projets », préférant m'intéresser seulement à ce qui m'arrive quand je mets le pied dehors. Bref, je montre ici, plus que je ne l'ai jamais fait, une fâcheuse tendance à prendre toute atteinte à mon bon plaisir pour une offense à l'humanité.

1

Éloge de la promenade

Run my city

Cette année-là, comme la neige était rare dans la petite station de montagne où je séjourne en hiver, la municipalité s'était décarcassée pour proposer aux touristes des « activités » destinées à remplacer le ski. Cela pouvait aller des parcours « accrobranche » aux randonnées de *mountain bike*, en passant par la traversée de la vallée suspendu à un câble. Un abondant catalogue s'offrait aux familles en détresse, mais la simple possibilité d'aller marcher dans la grande forêt, sur les sentiers riches de mystères et d'enchantements, ne faisait pas partie du programme – sauf sous la forme sportive du *running* avec brassard et vêtements appropriés. Pour ceux qui auraient cultivé l'idée saugrenue de flâner le long des torrents, une option était prévue pour les équiper de bâtons de *trekking* en carbone jugés indispensables pour une bonne déambulation selon les règles de la « marche nordique ». Un prospectus les incitait à emprunter le circuit balisé qui permet de s'instruire sur la formation des cirques glaciaires, la diversité de la flore montagnarde et d'apprendre quelques « gestes simples » en faveur de la planète.

Du point de vue de l'économie touristique, une telle panoplie d'accessoires et d'activités contribuait, certes, à transformer le temps gaspillé par les vacanciers en temps économiquement rentable pour la région. Elle substituait à la lucrative industrie du ski d'autres distractions monnayées – quand la simple marche improvisée dans de jolis paysages ne rapporte absolument rien, sauf à celui qui la pratique. Il me semblait toutefois entrevoir aussi, derrière cet assortiment d'activités pour touristes en perdition, une fâcheuse ignorance des plaisirs disparus qui enchantaient autrefois les promeneurs : comme cette libre déambulation sur un sentier, cette marche pleine de surprises et de découvertes qui ne vise pas, contrairement au *ride*, à produire un bénéfice physique immédiat, encore qu'elle puisse y contribuer ; bref, cette joie de la promenade qui n'est ni un commerce ni un sport, mais une façon toujours renouvelée de découvrir le monde.

*

Paris, dimanche 12 mai 2019. Je suis réveillé par un bourdonnement sourd. Il est huit heures trente. Au loin, j'identifie un mélange de cris et de rythmes pulsés. À moitié endormi, je m'approche de l'ordinateur pour découvrir la punition du jour. J'entre les mots clés, j'ouvre quelques onglets… Si j'en crois l'agenda municipal, dans la rubrique « À ne pas rater ce week-end », cette voix doit être celle de l'animateur de *Run my city*, en plein échauffement pour une journée sportive. Je l'entends distinctement sur le parvis de l'Hôtel de Ville, de l'autre côté du pont. Difficile d'y échapper, même fenêtre fermée. Son enthousiasme est soutenu par une sono amplifiée au-delà de toute mesure et par les cris de milliers de *runners* qui ont payé pour enfiler les t-shirts *Run my city*. Prêts à démarrer, ils vont suivre en groupe un itinéraire culturel à travers la capitale, relayé en temps réel par les téléphones mobiles et les réseaux sociaux.

Pourquoi « *Run my city* » et pas « Courir ma ville » ? On comprendrait au moins que ça ne veut rien dire. Il semble bien toutefois, de nos jours, plus excitant de « *runner* » que de

« courir » : supplément miraculeux qu'ajoute le mot anglo-américain à son équivalent français. Quant à moi, je me demande pourquoi courir au lieu de marcher, ce qui est excellent pour la santé. On y songe trop peu en ce temps où l'injonction sportive (perdre son ventre) est obsédante, surtout quand elle se rattache à des concepts venus d'outre-Atlantique, comme de galoper sur les boulevards en tenue de sport. Mais il y a plus important : *Run my city* est une « marque » déclinée dans chaque grande ville, parmi toutes ces enseignes qui règnent désormais sur nos vies. Le public semble content, affublé de t-shirts tous identiques et désireux de suivre le programme en ce frais dimanche.

La municipalité parisienne, dans sa volonté de transformer le parvis de la mairie en centre d'animation permanent, vient ainsi d'ajouter une source de pollution supplémentaire aux nuisances déjà nombreuses dans le quartier. Ce tintamarre vous attaque dès le matin quand on aimerait, simplement, profiter d'un jour de printemps sur les bords de Seine. Mais rien n'y fait. Les autorités adorent offrir tout au long de l'année cette activité festive qui leur tient lieu de politique « citoyenne ». Sur la place de Grève, où l'on pendait autrefois les malheureux, c'est une succession ininterrompue de rendez-vous à consonance anglophone : *Innovation Day*, sommet *Cities for life*, brunch *anti-gaspi, fan zones* sportives et, pour couronner le tout, dans la chaleur de juillet, le festival *Fnac Live Paris* qui transforme le parvis en Woodstock municipal sans aucun égard pour les riverains. Si j'avais le temps et l'énergie, j'irais voir les *runners* pour leur dire : « Ne vous laissez pas faire, promenez-vous au hasard. C'est ainsi que Paris est beau ! » Mais une telle mission paraît trop ambitieuse et le roulement de tambours continue à les encourager.

Le mieux, pour moi, reste donc de m'éloigner pour explorer des quartiers moins fréquentés. J'y retrouverai le plaisir de ralentir devant une boutique inconnue, puis de dresser la tête pour contempler un immeuble édifié, voici un siècle, à la gloire du syndicat de la chaussure. Le simple chemin jusqu'au métro s'avère toutefois de plus en plus difficile au milieu du ballet tourbillonnant des sportifs et des engins à roues qui, un peu partout, me doublent, me croisent, m'évitent de justesse et finissent par polariser toute mon attention. Une trottinette noire de marque *Bird* (un euro de prise en charge et vingt-cinq centimes d'euro par minute) fonce dans ma direction, je sursaute. Pour me protéger, je ralentis et j'entends derrière moi la sonnette d'un *Vélib'* de couleur verte (trois euros d'abonnement et un euro par demi-heure supplémentaire au-delà des trente premières minutes de trajet) dont l'utilisateur me lance un regard assassin… Ce qui n'empêche pas, un peu plus loin, ce même cycliste de me bousculer sur le passage protégé où il n'a pas droit de circuler. Qu'importe, il protège la planète.

Pour ne pas le contrarier dans cette action vertueuse, je dois donc me serrer sur la mince portion de bitume que l'époque accorde encore aux piétons, mais également au *jogger* qui déboule droit devant. Lui-même n'entend pas dévier de son chemin tandis que son iPhone compte ses battements de cœur, tout en diffusant dans son casque les informations du jour. Je me demande quel avantage il en tirera pour sa santé quand je vois les centaines de voitures qui patientent et fument à côté de nous sur la chaussée rétrécie. Les conducteurs au volant semblent à la punition, tandis que les adeptes des circulations douces sèment l'inquiétude en slalomant sur la chaussée, au risque de se faire renverser – sachant que l'automobiliste sera toujours le seul responsable. Ils n'en respirent pas moins, tous ensemble, les émanations produites par ces véhicules paralysés, au milieu desquels une ambulance tente de se frayer un passage, sirène hurlante.

Randonnées urbaines

À l'époque où je faisais de longs séjours à New York, il m'arrivait de partir le matin, chaudement couvert et bien chaussé, pour une véritable randonnée urbaine. Mon programme du jour consistait, par exemple, à remonter entièrement une avenue, du sud au nord, en partant de Battery Park pour arriver l'après-midi près des Cloisters, après avoir traversé quantité de quartiers contrastés par leurs spécialités, leurs métiers, leurs catégories sociales. Je me reposais dans des squares, je me rassasiais au comptoir des *diners* et, ainsi, j'apprenais à connaître la ville et ses nuances.

À Manhattan, comme dans nombre de grands centres urbains, l'exercice est devenu moins charmant depuis que la plupart des activités artisanales ont disparu du centre-ville, mais aussi en raison de cette autre transformation : le rachat du moindre petit commerce par une poignée de chaînes de distribution qui ont presque éliminé le petit épicier coréen comme le vendeur d'objets en tous genres. Dans les années 1990, les maîtres de la finance annonçaient fièrement que le monde nouveau serait celui des « marques » et que nous en sortirions grandis. Des fortunes ont grandi, effectivement, tandis que se multipliaient au cœur des villes les enseignes de nourriture rapide, les logos de vêtements et de téléphonie qui, partout sur cette planète, donnent l'impression de déambuler dans les allées du même centre commercial. Il faut s'y faire, à New York comme à Paris, où le simple magasin devient rare. Les épiceries et les bazars n'ont plus les moyens de suivre les cours de l'immobilier, ni de s'adapter aux innombrables normes de sécurité, d'accessibilité, d'hygiène, édictées par une administration européenne et française sensible à l'influence des grandes entreprises. Conformément aux recommandations de la Commission pour la libération de la croissance (dont Jacques Attali fut l'auteur avec le concours du jeune Emmanuel Macron), ces dernières peuvent désormais multiplier leurs enseignes au cœur des villes. On a vu ainsi, en quelques années, *Gap, Paul, Nike, Carrefour Market, Orange, Apple, McDonald's, Solaris* et autres occuper tous les trottoirs et nous imposer de vivre *chez eux*, selon leurs règles, en mangeant des barquettes de sushis sans saveur et en portant des vêtements jetables fabriqués au Pakistan.

C'est pire encore le week-end, dans certaines rues barrées par des vigiles municipaux en blouson orange fluo. Des panneaux annoncent glorieusement que nous entrons dans un « quartier libre ». Au nom de quoi, tout ce quartier, au lieu de vivre simplement, se voit transformé pour la journée en zone réservée, où seuls passent les piétons ainsi que les deux-roues, trottinettes, *skates*, poussettes, et autres véhicules réputés pour leur douceur. Le long des trottoirs se succèdent logos de marques et vitrines de prêt-à-porter : *Zadig et Voltaire, Pandora, Guerlain, Nespresso* pour la pause-café. Après quoi, on peut rentrer chez soi en louant un vélo *Jump, Obike* ou *Donkey republic*. Autour du secteur protégé, les automobiles à la recherche d'une issue font du surplace et polluent davantage. Quant à moi, je préfère à nouveau m'éloigner du quartier libre créé par la ville pour nous rendre heureux et m'enfoncer dans des rues avec voitures, mais sans accueil organisé, où je retrouve le plaisir de la déambulation.

Moins de circulation ne rend pas toujours la vie plus poétique. Je m'en suis avisé pour la première fois à Manhattan, un dimanche où je découvrais une rue du quartier de Wall Street fermée au trafic, ouverte aux loisirs et envahie par une foule très dense qui m'avait aussitôt donné envie de fuir. Je me rappelle aussi que les anciens dimanches parisiens étaient très paisibles. Les jours fériés et pendant les vacances d'été, seules quelques voitures glissaient en contrebas sur la voie sur berge. Plus haut, sur les quais et les boulevards, la ville s'alanguissait. J'allais me balader devant les bouquinistes et je m'arrêtais à la recherche d'un livre rare, quand ce n'était pas une couverture qui m'interpellait. On fouillait, on marchandait.

Aujourd'hui, sur ces mêmes quais, l'embouteillage est permanent. Dimanche comme semaine, été comme hiver, la paix des bords de Seine n'est plus qu'un souvenir. Petits joyaux de poésie parisienne, les boîtes des bouquinistes dépérissent dans les gaz d'échappement, et les tagueurs se chargent de les achever. On aimerait se consoler en songeant que les promeneurs, en contrebas, peuvent désormais profiter des berges interdites à la circulation. On se rappelle quelques scènes de films montrant ces étendues sauvages au bord du fleuve où poussaient les herbes folles et où se réfugiaient les vagabonds le long des péniches lourdes de charbon... Mais lorsqu'on descend près de la Seine, un dimanche ensoleillé, c'est comme si l'on débouchait sur une autoroute sans voitures : une autoroute à roulettes offrant de multiples activités. Peu de place pour la flânerie sur cette voie aménagée, avec ses locations de vélo, ses accessoires de musculation, ses tambours brésiliens et ses buvettes à forte valeur ajoutée... On ne rêve plus guère sur les berges, sauf par mauvais temps quand elles restent désertes, tandis que les voitures, au-dessus, continuent à patienter dans les embouteillages.

Par ses dimensions et son histoire, Paris demeure heureusement une cité assez foisonnante pour autoriser encore quelques aventures. Dans certains quartiers la vie paraît, simplement, suivre son cours. Ici, je ne remonte pas les avenues tout droit comme à New York, mais je m'invente d'autres programmes : par exemple tourner une fois à gauche, puis une fois à droite, et ainsi de suite à chaque carrefour... Cette logique peut m'entraîner aux portes de la ville, jusque dans cette proche banlieue où l'on retrouve parfois, dans un café, dans une rue commerçante, quelque chose de l'ancien Paris populaire, à peine raboté par la gentrification... Et lorsque je regagne le centre de la capitale, descendant à pied la rue du Faubourg-du-Temple, j'ai l'impression d'aspirer encore quelques bouffées d'air parisien dans ce grouillement de petits commerces. Je ralentis devant le passage au fond duquel se niche l'ancien bal musette La Java, puis devant la façade Art déco du Palais des Glaces. Mais, déjà, les *Carrefour Market* et leurs produits aseptisés remplacent les boutiques de quartier; les piquets sur les trottoirs (dans le langage du « mobilier urbain », on appelle cela des « potelets ») compliquent la déambulation autant que le stationnement; un deux-roues qui slalome manque de me renverser; entre les garages à *Vélib'* et les poussettes-chars d'assaut, l'espace reste mince pour le piéton, et je me rappelle le mot de Cioran à Kundera : « L'événement le plus important de la seconde moitié du XXe siècle, c'est la disparition des trottoirs. »

Plus bas, au carrefour, des panneaux indicateurs dirigent les touristes vers ces monuments décapés qu'on découvrait hier sous leur patine de suie noire. Quelques campements sauvages de migrants autorisés par la Ville (qui entend montrer sa compassion) jouxtent les immeubles au mètre carré hors de prix, comme si cette cité ne voulait plus que des très riches ou des très pauvres. Une manifestation en faveur de l'air pur occupe la place de la République et diffuse ses messages sur des haut-parleurs. Des CRS contrôlent le périmètre de sécurité et renforcent le sentiment d'insécurité. Les voitures immobilisées fument sur le boulevard Magenta. Quelques poubelles éventrées jonchent le trottoir. Dans ce nouveau Paris, il n'est pas certain que le simple promeneur ait beaucoup de place.

2

La politique des bonnes intentions

Rendre les berges aux Parisiens

En septembre 2016, Anne Hidalgo, élue maire de Paris depuis quelques mois, ordonnait la fermeture de la voie Georges-Pompidou, inaugurée sur la rive droite de la Seine cinquante ans plus tôt. À l'époque, beaucoup d'amoureux de la capitale avaient déploré la création d'une voie express filant le long du fleuve, symbole du nouvel asservissement de la cité aux impératifs de l'automobile. De tels états d'âme n'affectaient guère le président Pompidou, ce paysan fasciné par la modernité sous ses formes les plus sommaires. Il voulait faire passer des autoroutes au cœur des villes, implanter partout des dalles et des tours. Celles qui poussaient alors place des Fêtes, place d'Italie ou près de la gare Montparnasse n'avaient pas l'élégance de certains gratte-ciels, mais tout juste une touche de modernité brutale. Certains de mes amis ont pris goût à ces quartiers qui n'en ressemblent pas moins, vus de loin, à des verrues dans l'harmonieux équilibre parisien. La mort prématurée du président, en 1974, allait mettre un frein à cette forme de vandalisme.

Dénoncée aujourd'hui par la mairie comme une « autoroute urbaine », la voie Georges-Pompidou pouvait toutefois passer pour un aménagement raisonnable répondant aux encombrements croissants dans la capitale. Réduite à deux voies de circulation, elle occupait seulement une portion des berges, les autres accueillant toujours les bateaux et les promeneurs. Dans un contexte d'augmentation continuelle du trafic, ces quelques kilomètres de chaussée contribuaient à désengorger le centre de Paris. Les convois officiels et véhicules de secours pouvaient atteindre leur destination sans se perdre dans le flot de la circulation. Cet itinéraire offrait même aux automobilistes une succession de points de vue magnifiques, comme celui donnant sur la Conciergerie au débouché du quai du Louvre. Bref, si l'urbanisme des années 1970 avait des aspects monstrueux, ce tronçon de voie sur berge remplissait correctement ses fonctions.

À l'aube du XXIe siècle, dans un contexte marqué par le dérèglement climatique, la Ville de

Paris a souhaité s'emparer à nouveau du dossier. De nouvelles exigences de santé publique (totalement ignorées durant les décennies précédentes) imposaient de réduire immédiatement la présence de l'automobile qu'on avait encouragée depuis un siècle. Le débat s'était amorcé dès le mandat du maire Jean Tiberi qui avait mis en place la circulation alternée une première fois en 1997, avec d'étonnants effets dans la ville, alors moins encombrée et mieux aérée. D'autres mesures simples et peu coûteuses auraient pu suivre : comme un meilleur contrôle du stationnement et des couloirs d'autobus, une limitation des autocars touristiques en augmentation continue, voire un péage urbain pour certaines catégories de véhicules, permettant d'améliorer progressivement la situation sans bouleverser, du jour au lendemain, toute l'organisation d'une agglomération de dix millions d'habitants.

Arrivée aux affaires en 2001 avec ses alliés écologistes et pressée d'ouvrir une ère nouvelle, l'équipe socialiste allait accomplir des choix très différents et lancer un étrange programme qui ne consistait pas à restreindre volontairement le nombre de véhicules, ni à fluidifier le trafic, mais au contraire à rendre celui-ci plus difficile… en vue de décourager les conducteurs. Il y aurait beaucoup à dire sur la perversité d'un tel raisonnement consistant à aggraver les embouteillages pour lutter contre la pollution ; ou sur ce manque de courage politique conduisant à ne prendre aucune mesure directe contre l'automobile, mais à culpabiliser leurs utilisateurs et à rendre leur vie impossible... L'autorité municipale allait toutefois mettre en œuvre obstinément ce projet et s'évertuer à compliquer les déplacements par tous les moyens dans Paris *intra-muros*. Suivant cette logique extravagante, elle allait modifier les sens de circulation sur une même voie, supprimer des tunnels qui permettaient de traverser certains quartiers sans gêner personne, ou encore élever des murets au milieu des boulevards pour séparer les autobus, vélos et taxis, des véhicules ordinaires. Toutes ces belles avenues qui avaient fait de Paris, dès la fin du XIXe siècle, une ville fluide, aérée, étonnamment adaptée à la circulation moderne, redevenaient des chaussées compliquées et impraticables, dignes du temps de Boileau et de ses *Embarras de Paris* !

La mesure la plus symbolique fut toutefois la fermeture des voies sur berge sous prétexte de les « rendre » aux Parisiens. Appliquée d'abord pendant le week-end, cette restriction devait bientôt s'étendre en semaine à toute la rive gauche pour y aménager des aires de promenade et de pique-nique. La faible fréquentation de ces installations allait toutefois rappeler que les berges officiellement « rendues » à la population n'avaient jamais tellement attiré les

Parisiens. Elles avaient longtemps formé une « zone » en contrebas de la ville, réservée aux activités des mariniers : la vie urbaine se déployait plus haut, le long des quais où s'alignent les monuments de la capitale et les boîtes des bouquinistes. Or, comme on pouvait le prévoir, la circulation désormais interdite sur les berges s'est aussitôt reportée sur ces quais supérieurs où les embouteillages, déjà fréquents, se sont considérablement aggravés, dégradant la vie des quartiers environnants.

Les réformes entreprises sous la mandature de Bertrand Delanoë commencèrent ainsi à compliquer l'existence des Parisiens, artisans et autres livreurs, mais plus encore celle des banlieusards qui viennent travailler en ville sans toujours disposer d'une autre solution, vu les insuffisances des transports en commun. Ce n'était rien, toutefois, en comparaison du vent de folie qui allait s'abattre après l'élection d'Anne Hidalgo. Car celle-ci, pressée de montrer qu'elle pouvait dépasser son prédécesseur en matière de lutte supposée contre la pollution, allait enchaîner les mesures impulsives et brutales, avec une sévérité accrue consistant à ignorer purement et simplement les nécessités quotidiennes. Ce fut en particulier la fermeture soudaine, rive droite, de cette voie Georges-Pompidou à laquelle son prédécesseur n'avait pas voulu se risquer et qui allait provoquer des encombrements monstrueux dans le centre de la capitale; puis ce fut le lancement d'innombrables chantiers visant à réduire partout les chaussées. Pis encore : la gestion municipale avait longtemps réservé ces travaux aux heures et aux périodes les moins gênants pour la circulation; il n'en était plus rien. Partout, des palissades vertes posées des semaines avant le début des chantiers (confiés à des sous-traitants, sans aucun contrôle municipal) allaient transformer le moindre déplacement en calvaire, signifiant aux conducteurs qu'ils n'étaient pas bienvenus et que leurs difficultés ne comptaient pour rien. Comme le répétaient certains membres du conseil municipal : « La fluidité du trafic n'est plus un objectif. »

La mairie semblait ainsi prête à paralyser complètement la ville, tout en encourageant bruyamment l'usage du vélo, comme unique horizon pour cette agglomération de dix millions d'habitants. Les automobilistes récalcitrants devaient doubler leur temps de trajet faute d'alternative. Mais leurs épreuves ne troublaient en rien la nouvelle reine de Paris, sourde à leurs protestations. Elle allait même balayer d'un revers de manche certaines décisions judiciaires, comme celle de février 2018 ordonnant la réouverture de la voie Georges-Pompidou. Face à toute contradiction, elle répétait obstinément qu'elle combattait pour une « planète plus verte », pour la « santé des Parisiens » et contre le « lobby automobile ». L'aggravation des embouteillages provoquée par ses décisions renforçait d'ailleurs l'image d'un Paris étouffé par l'automobile et semblait justifier, paradoxalement, sa volonté d'aller plus loin. Ainsi allait se répandre l'idée d'une femme « courageuse », capable de faire souffrir la population pour son bien.

Il faut certes considérer les objectifs à long terme qui, peut-être, dans les années à venir, montreront la pertinence de certaines mesures. Ainsi, quand l'accès au centre de Paris sera devenu presque impossible, la circulation finira effectivement par diminuer – sans qu'on réduise pour autant le nuage de pollution qui recouvre l'agglomération, ni les nuages de charbon venus d'Allemagne depuis que celle-ci a renoncé au nucléaire, et moins encore la quantité de conteneurs qui circulent partout sur les océans... Rien ne changera non plus dans les départements limitrophes où il est presque impossible de vivre sans voiture – mais dont les habitants se voient simplement privés d'accès à quantité d'institutions culturelles situées dans Paris *intra-muros*. La vertueuse politique parisienne affecte par surcroît une grande partie des activités et des commerces qui font la richesse de cette ville. Elle convient mieux, sans doute, à certains électeurs qui demeurent dans la capitale, utilisent peu la voiture (ou n'en ont pas) et bénéficient d'un excellent réseau de transports en commun. Pourtant beaucoup d'habitants du centre de Paris se voient eux-mêmes frappés par les grands travaux d'une municipalité pressée de mettre en œuvre une ville « éco-responsable », et néanmoins au service de l'industrie touristique dans la perspective des Jeux olympiques de 2024.

*

Soyons précis : j'habite près de la Seine un quartier supposément privilégié, ce qui ne m'empêche pas d'être un citoyen comme les autres, censé bénéficier des mesures environnementales. Citadin sans voiture, entrant sociologiquement dans la catégorie des « bobos », je devrais me réjouir de mesures censées me permettre d'arpenter des rues plus « vertes » et plus « douces », comme celle que la mairie montre dans ses documents de communication, grâce aux talents de graphistes chargés d'imaginer cette ville idéale. Depuis quelques années pourtant, dès que je mets le pied dehors, je vois grandir partout les menaces pour ma santé aggravées par les bonnes intentions de l'équipe municipale.

Sur les quais de la Seine et boulevard Saint-Germain, dans le quartier Saint-Michel comme près de l'Hôtel de Ville, les voitures avancent comme elles peuvent et les autobus s'immobilisent dans les carrefours congestionnés. Soumis aux émanations d'hydrocarbures, les piétons tâchent de se frayer un chemin sur les passages protégés. L'air empeste, la semaine comme le week-end. Objectif proclamé de la mairie, la réduction du nombre de véhicules se voit annulée par la lenteur de la circulation qui augmente la diffusion de substances nocives. Des analyses effectuées sur les quais ont souligné cette dégradation de la qualité de l'air après la fermeture de la voie Georges-Pompidou : plus de 50 % d'augmentation des émissions d'azote et de particules fines près du pont Sully et quai de la Mégisserie.

Ce n'est là toutefois qu'un aspect du pourrissement urbain. Car les décisions de la mairie ont également pour conséquence une forte aggravation des nuisances sonores. Les véhicules de secours et fourgonnettes de police, coincés comme les autres dans les embouteillages, usent vainement de leurs sirènes pour se frayer un passage, quand ils passaient autrefois par les voies sur berge. Selon les mesures de la préfecture de police, le bruit a augmenté de 100 % sur les quais hauts de la Seine, sans guère alerter la municipalité si attentive à la santé des Parisiens (mais sans doute faudra-t-il attendre encore quelques années pour que les pouvoirs publics considèrent le bruit comme une pollution à part entière).

On dirait ainsi que la focalisation de la politique municipale sur un objectif symbolique (la lutte contre la pollution de l'air) doit faire oublier quantité d'autres nuisances, y compris celles induites par les mesures anti-pollution elles-mêmes. On connaît ces fâcheux paradoxes de l'écologie : par exemple devant ces paysages grandioses recouverts d'éoliennes – comme si la lutte contre un type de pollution (liée aux énergies fossiles) légitimait une autre pollution (la destruction des paysages). De même, à Paris, la chasse aux fameuses « microparticules » (émanant des bus touristiques et des poids lourds bien plus que de la voiture individuelle) induit des effets secondaires tout aussi dangereux, comme ce vacarme lié aux sirènes, aux deux-roues motorisés ou aux marteaux-piqueurs qui, à longueur d'année, refaçonnent les chaussées, creusent des trous, les rebouchent et les creusent à nouveau pour toute sorte de raisons (gaz, électricité, câblage, chauffage).

Les indicateurs de la mairie (qui ne reconnaît les chiffres que lorsqu'ils lui sont favorables) soulignent que la pollution de l'air a reculé sur les berges inférieures désormais sans voitures, ce qui est la moindre des choses ; et tant mieux pour la cohorte qui s'y retrouve le week-end, du moins lorsqu'il fait beau ; tant mieux pour les percussionnistes et autres fanfares qui, encouragés par le slogan municipal « Les quais sont à vous », rendent la vie aux alentours plus fatigante que jamais. Près de chez moi, ils utilisent la voûte du pont d'Arcole comme caisse de résonance pour des rendez-vous électro. Mais en semaine et par temps gris, il n'y a personne et j'observe, ébahi, le curieux spectacle de ces rives entièrement désertes, tandis que des milliers de véhicules s'amassent juste au-dessus dans un bouchon sans fin. En un coup d'œil, tout est résumé : la volonté de « rendre les berges aux Parisiens », s'est traduite par un report de la pollution vers l'intérieur de la ville. Toujours à la recherche d'un coup médiatique, Anne Hidalgo entend porter plainte contre l'Europe pour dénoncer l'insuffisance de ses règles en matière de santé publique. Quant à moi, simple habitant de ce Paris martyrisé, je serais tenté de porter plainte contre la maire de Paris pour les menaces que sa politique fait planer sur ma santé.

Les mots et les choses

Cette recrudescence des embouteillages a donné lieu à diverses polémiques. Mais Anne Hidalgo n'aime pas la contradiction. Convaincue d'agir pour le bien commun, elle n'hésite jamais, face à ceux qui critiquent sa politique de circulation, à dénoncer un « lobby réactionnaire », incluant probablement les centaines de milliers de banlieusards contraints de travailler à Paris. Selon ses dires, c'est également le « sexisme » (puisque Hidalgo est une femme), le « fascisme » (puisque Hidalgo se dit de gauche et se veut vigilante) voire l'« hispanophobie » (car elle est d'origine espagnole) qui expliqueraient les critiques dirigées contre ses décisions.

Sensibles à son discours plus qu'aux effets de sa politique, de puissants journaux d'opinion dépeignent eux-mêmes à longueur de colonnes une « vraie femme de gauche » et une élue « courageuse » à laquelle ils apportent leur soutien systématique. Un reportage du *Monde* affirmait en 2019 que les habitants des quartiers populaires approuvaient majoritairement l'action municipale, tandis que les habitants des arrondissements centraux semblaient attachés plus égoïstement à leurs seuls intérêts… On voit mal, cependant, en quoi l'épreuve subie par la population des bords de la Seine représenterait un avantage collectif, imposant aux riverains de souffrir en silence. Mais Anne Hidalgo semble également bénéficier d'un traitement de faveur du quotidien populaire *Le Parisien*, propriété de Bernard Arnaud – lui-même en affaires avec la mairie dans de nombreux chantiers, comme celui du quartier de la Samaritaine, transformé en complexe d'hôtellerie et de boutiques de luxe. Le journal des bistrots ignore beaucoup des colères qu'on y entend. Même les médias plus hostiles servent involontairement le discours municipal en laissant entendre que la polémique opposerait une femme de poigne, décidée à protéger les habitants de la pollution, à ceux qui veulent à tout prix circuler en voiture. Mais il faudrait plutôt dénoncer la faillite des méthodes et la dégradation de l'environnement parisien qui touche le piéton autant que l'automobiliste.

Publiant en 2018 un livre-manifeste intitulé *Respirer*, Anne Hidalgo a montré son sens de la communication dans une société où les slogans importent davantage que les faits. On l'a vue arpenter les principales capitales du monde en tant que porte-parole autoproclamée d'une « ville durable », gratifiée des félicitations de Leonardo di Caprio… comme s'il suffisait de se présenter en combattante de l'écologie pour faire oublier la réalité du terrain parisien. Affichant à tout propos ses « bonnes intentions », l'Hôtel de Ville masque tant bien que mal les échecs de l'expérience mise en œuvre, et il suffit à la maire de Paris de répéter comme un perroquet qu'elle a supprimé une « autoroute urbaine » pour faire oublier que la voie Georges-Pompidou était plus efficace que les actuelles mesures pour réduire le trafic en ville et la pollution.

L'obstination est toutefois le travers des politiques vertueuses. Quand tout démontre qu'elles fonctionnent mal, les représentants de la vertu préfèrent s'enfoncer dans l'erreur en espérant que leurs mauvaises solutions finiront par triompher. C'est pourquoi, sans doute après l'échec de la fermeture des voies sur berge rive droite, la mairie a lancé un programme plus drastique encore, visant à réduire les derniers grands axes. Sur les quais de la rive gauche, les voitures roulent désormais en file indienne sur une étroite portion de chaussée. Le reste est occupé par une autoroute pour deux-roues particulièrement dangereuse pour le piéton. Lançant rue de Rivoli un chantier du même genre (contre les recommandations de la préfecture de police), Anne Hidalgo a procédé comme à son habitude : selon la méthode du fait accompli. Pris dans l'enfer urbain, certains conducteurs, pressés de rentrer chez eux, cherchent d'autres itinéraires en empruntant les petites rues, envahies comme elles n'avaient jamais été. Nous voilà loin des schémas idylliques mis en avant par la municipalité pour appuyer sa vision du futur.

Ne pouvait-on d'ailleurs imaginer d'autres solutions ? Une portion de voie sur berge permettant de réduire la circulation en ville ; un réel contrôle du stationnement et des couloirs d'autobus ; un calendrier de travaux supervisés par la mairie et tenant compte de la vie quotidienne ; une limitation des autocars touristiques ; une offre renforcée de transports en commun ; un véritable réseau de navettes fluviales desservant Paris dans les deux sens pour le prix d'un ticket de métro… Autant de mesures mises en œuvre avec finesse, parallèlement à l'essor de voitures moins polluantes et à certaines restrictions de circulation : voilà qui semblerait moins pernicieux (pour les poumons, pour le bruit, pour le stress) que le Paris qu'on nous impose à coup d'annonces spectaculaires au nom du développement durable. Pourtant, nulle autorité ne semble plus veiller sur l'organisation des chantiers, la fluidité des couloirs ou les règles de stationnement – cependant que la ville délègue aux caméras des entreprises privées la juteuse verbalisation des infractions.

Touristification

Rien n'est fait non plus pour limiter la prolifération des autocars qui intoxiquent les boulevards et déversent leur flux d'un monument à l'autre, sans grand profit pour les Parisiens. Aux véhicules polluants des tour-opérateurs s'est ajoutée la flotte d'autobus à étages lancée par des entrepreneurs privés qui proposent – en anglais – la visite de la capitale et engorgent partout la circulation. Quant à moi, je me demande pourquoi le touriste n'emprunte pas le bus ou le métro, comme je l'ai toujours fait aux quatre coins du monde. Certes, le temps imparti à la visite de Paris, dans un forfait incluant Versailles et Eurodisney, n'autorise guère ce genre de fantaisie. C'est donc au citoyen qu'il revient de s'adapter à la progression de l'industrie touristique, encouragée par la mairie avec plusieurs trains de retard.

En 2016, la Ville lançait un plan de développement de ce qu'elle désignait comme la « première industrie » municipale. Elle y prônait l'augmentation du nombre de visiteurs de « 2 % par an » et la « création de nouveaux quartiers touristiques » (j'ignorais que cela se décrétait), ainsi que le développement du « tourisme LGBT » (je ne savais pas non plus qu'il existait une façon LGBT de voyager). Le but officiel était de « garder le cap face à la concurrence mondiale » pour que Paris « conserve sa première place de destination touristique »... On se demande ce qu'un tel objectif apporte concrètement, quand d'autres villes comme Amsterdam ou Barcelone font le pari contraire et cherchent comment contenir ladite industrie pour le bien-être des habitants ! À l'approche des élections municipales de 2020, Emmanuel Grégoire, nouvel adjoint d'Anne Hidalgo, s'est d'ailleurs efforcé, sur ce sujet comme sur d'autres, de présenter un discours plus mesuré. Il n'empêche que Paris, durant toute cette mandature, se sera montré aussi tolérant pour le développement de l'autobus à impériale charriant les touristes d'un quartier à l'autre, que sévère vis-à-vis du simple citoyen circulant pour les impératifs de sa vie quotidienne.

Alors qu'une grande partie de la population a déserté les arrondissements centraux devenus trop chers, ces quartiers se transforment en base festive, où les jeunes *hipsters* à bicyclette croisent les groupes de Chinois en goguette. Certains grands musées deviennent inaccessibles pour ceux qui n'ont pas réservé leur créneau des mois à l'avance sur Internet. Le commerce des fringues et des souvenirs a remplacé l'épicerie dans cet antre du loisir organisé où les simples plaisirs de la vie urbaine se font rares, tandis que se succèdent les « événements » relayés par des sonos et des écrans géants. C'est le cas notamment pour les compétitions sportives, nouvelle passion municipale au nom de laquelle l'Hôtel de Ville met partout en place de bruyantes *fan zones* auxquelles le voisinage est prié de s'adapter. En 2019, la Coupe féminine de football justifiait ainsi, pendant plusieurs semaines, la fermeture du jardin des Halles et des rues adjacentes pour accueillir le public dans une enceinte financée par le très démocratique émirat du Qatar. Oubliant provisoirement sa foi écologiste, la mairie s'est également battue pour autoriser la destruction d'une partie des magnifiques serres d'Auteuil afin d'ouvrir un nouveau court de tennis à Roland-Garros – événement crucial dans la communication mondiale de Paris.

Rien n'arrête Hidalgo, méprisante pour l'adversaire. Rien ne saurait ébranler cette supposée femme de gauche drapée dans ses bonnes intentions et radicale dans l'exécution de ses projets. De congrès en congrès, elle continue à se présenter fièrement devant les stars planétaires comme une femme en lutte contre la pollution. Elle parle de végétalisation, cite New York et Los Angeles à tout bout de champ (comme si ces villes avaient, historiquement et urbanistiquement, quelque chose de commun avec la capitale française), mais elle oublie de nettoyer les trottoirs, pour le grand bonheur de nos amis les rats. Ses services produisent des rapports sur l'« intensité de sollicitation piétonne » et l'« urbanisme délicat »... Sur le terrain, pourtant, on dirait que la perspective d'une ville plus douce, plus verte et plus conviviale ne cesse de s'éloigner, comme ces montagnes desquelles on s'approche sans y parvenir. Son mandat, placé sous le signe du bien-être urbain, n'aura été qu'une suite de chantiers épuisants ; et il faudra sans doute après son éventuelle réélection, et dans l'attente des Jeux olympiques, subir autant de nouveaux chantiers bienveillants pour aller toujours plus loin et achever de ruiner les contribuables dans la perspective d'un avenir radieux.

Incivilités

Les transformations à l'œuvre au centre de Paris nous éclairent au moins sur les comportements humains et le mécanisme de l'incivilité. Longtemps j'avais cru que la voiture seule, pour de mystérieuses raisons, transformait son conducteur en barbare. Sitôt au volant, et doué de certains pouvoirs, il n'hésitait plus à klaxonner pour chasser le piéton égaré ni à insulter l'automobiliste adverse. Il jurait et traitait l'autre de « connard », toujours coupable de conduire moins bien que lui-même. Ces traits primaires éclataient lors des petits accidents de la circulation où il est facile d'observer comment un conducteur, jamais, ne reconnaît son tort mais commence par hausser la voix pour couvrir celle du rival. Même des individus parfaitement éduqués deviennent au volant ces bêtes sauvages réduisant tout à un rapport de force primaire.

La politique parisienne en faveur des deux-roues m'a toutefois démontré, en peu de temps, que ces traits de caractère ne sont en rien l'apanage des propriétaires de voitures, mais touchent dans des proportions égales tout détenteur d'un véhicule prêt à faire valoir sa supériorité, sa domination ou son mépris envers ceux qui se déplacent moins vite que lui. Il semble même que les cyclistes, et plus récemment les trottinettistes qui se sont multipliés, poussent plus loin que jamais les diverses formes d'incivilité. Car les automobilistes avaient fini par trouver avec les piétons une forme de *modus vivendi* et de partage des territoires : les uns possédaient le trottoir, les autres la chaussée ; les feux tricolores et passages protégés régulaient les carrefours, sans trop de danger pour les uns et pour les autres – sauf quand certains « piétards » (selon l'expression d'Alain Finkielkraut) faisaient de la concurrence aux chauffards en se jetant sous les roues des voitures.

Inversement, les « circulations douces », selon la syntaxe choisie par la mairie de Paris (quand elle ne préfère pas parler en anglais de *free floating*), ont induit des comportements jusqu'alors inimaginables, tant le deux-roues s'est arrogé d'emblée tous les droits dans un parfait mépris pour le code de la route ou la tranquillité du piéton. Il circule indifféremment sur la chaussée ou sur le trottoir, dans le bon sens ou à contresens, sur les passages protégés comme aux feux rouge, orange ou vert. L'idée même que sa présence rapide et furtive au milieu des passants puisse être désagréable lui est étrangère. Il cause pourtant des accidents qui ont fini par convaincre la municipalité d'ériger un code de bonne conduite assorti de contraventions. Mais les forces de l'ordre se chargent rarement de le verbaliser. Promptes à boucler des quartiers entiers pour des raisons de « sécurité », elles ont disparu du trottoir parisien et ne se consacrent plus guère à ce simple contrôle des bonnes règles de la vie urbaine qu'assuraient autrefois les « contractuels ». Elles laissent régner la loi du plus fort – en l'occurrence du plus rapide qui, juché sur sa bicyclette, semble persuadé que les règles ne le concernent pas. Pourquoi, dans ces conditions, accomplir un détour par les voies autorisées, quand il peut filer au milieu des piétons, et que la mairie l'encourage en le désignant comme un preux chevalier du sauvetage de la planète ? Qu'importent, en regard d'une si noble cause, les tourments qu'il inflige à ceux qui se contentent d'arpenter paisiblement la ville ?

Telles sont les folies de cet air du temps, qui fait souffler un vent contraire au précédent, mais avec les mêmes excès. Hier l'automobile toute-puissante contraignait les villes à s'adapter. Le pouvoir et la classe politique encourageaient des transformations qui, peu à peu, rendaient la vie impossible sans voiture. L'aménagement d'aires commerciales entourées de parkings, la dégradation des lignes de chemins de fer, l'éloignement croissant des zones de travail et d'habitation, la concentration de la population dans d'immenses aires urbaines, le soutien à la production automobile, les crédits personnels, tout était fait pour que le citoyen moderne ne fasse qu'un avec sa voiture.

Inversement, depuis une dizaine d'années, la doctrine du développement durable s'impose partout au nom de la protection de la planète, et les politiques s'en emparent comme d'une nouvelle langue de bois – sans rien changer aux orientations économiques qui dégradent la vie sur terre : mondialisation des échanges, circulation frénétique d'aliments et de marchandises, effondrement des productions industrielles et agricoles locales, dégradation et abandon du service public des transports… Toutefois, dans ce contexte, on dirait qu'il faut désigner un nouveau coupable : l'automobiliste, celui-là même qu'on a encouragé pendant des décennies et qui se voit soudain accusé de tous les maux, traqué, prié de payer pour la moindre infraction et d'augmenter ses temps de déplacement dans ces villes où on l'a fait venir et où il n'est plus le bienvenu – en attendant qu'il investisse dans une voiture supposément propre. Après avoir fabriqué la civilisation de l'automobile, on ne revient pas en arrière (l'industrie mondiale est en jeu), on la rend invivable et des édiles politiques, telle Anne Hidalgo, mettent en œuvre cette logique de la punition, infligeant leurs mauvais traitements au nom de la vertu. Quant aux piétons, vieux *alter ego* des automobilistes, ils sont les premiers à en souffrir, tandis que de nouvelles espèces conquérantes prolifèrent et incarnent cet *ordre nouveau* qui sème la terreur à trottinette.

3

Intrusion nocturne

Cette femme hante mes nuits.

À une heure du matin je me réveille affolé, en sueur, et je l'aperçois devant moi dans l'encadrement de la porte. Elle se tient là, debout, avec ses yeux méchants. Son sourire fait ressortir des dents carnassières. Elle me regarde en ricanant puis, soudain, d'une voix musicale comme un grincement de porte, elle demande :

– Tu as quelque chose contre le développement durable ?

Je me dresse, hébété. Ce doit être un cauchemar. Mais non, elle est toujours là, et me scrute sous ses longs cheveux noirs. Puis, après un silence, elle reprend la parole d'une voix plus calme, comme une mère raisonnerait son enfant :

– Le monde change, il faut t'y faire. La planète est malade et nous devons agir ensemble.

Je balbutie quelques mots :

– Je sais bien, madame, mais je l'ai pas fait exprès ! Je voulais juste vivre tranquillement. Arpenter les rues. M'arrêter pour lire le journal dans un square. Et parfois, le soir, après une rude journée, prendre un taxi pour rentrer chez moi, en filant joliment le long de la Seine au pied de la Conciergerie.

– Tu n'as pas besoin de voiture, répond-elle sèchement. Ni d'autoroute urbaine. Tu peux prendre un vélo, quand même ! C'est meilleur pour ta santé.

J'essaie de me défendre :

– Mais je n'aime pas la bicyclette, madame. J'ai horreur de pédaler.

Je me demande pourquoi je l'appelle « madame ». Est-ce parce qu'elle me rappelle cette prof de technologie, en quatrième, qui se moquait de moi dès que je prenais la parole, comme pour me faire ravaler mes prétentions ? Je la revois tandis que cette femme aux cheveux noirs s'approche de mon lit et reprend sur un ton plus ferme :

– La bicyclette, tu vas t'y mettre, comme les autres, et diminuer ton empreinte carbone. Je veux une ville qui respire.

– Je n'y respirais pas si mal, pourtant. Je voudrais vivre comme avant !

– Réaction ! Passéisme ! Tu veux que je te fasse un dessin ? Le réchauffement climatique ? La biodiversité qui s'effondre ? Toi, tu râles, moi, j'agis. J'ouvre des ruches sur les toits de Paris ! Des potagers sur les boulevards !

– En attendant, les chaînes de grande distribution ont remplacé toutes les épiceries de quartier.

Ces mots m'ont échappé. J'y suis allé du tac au tac. Les slogans d'Anne – si du moins c'est elle qui me parle – me donnent envie d'argumenter et, soudain, je me dresse à moitié nu sur mon oreiller :

– Et puis c'est quoi cette façon de tout décider, comme si vous étiez la reine du monde ? De refaire la ville à toute vitesse et à votre convenance, de détruire les rues, de percer des tranchées partout ? Pendant que vous nous imposez de rouler à bicyclette, le trafic aérien mondial s'apprête à doubler, la population mondiale ne cesse de s'accroître, la Chine augmente de 50 % ses émissions de gaz à effet de serre et achève de remplacer ses vélos par des voitures ! C'est quoi cette façon de nous imposer vos règles, même quand il est clair qu'elles ne marchent pas ?

Sans lui laisser le temps de répondre, j'ajoute l'air narquois :

– Mais j'y songe, bien sûr ! Vous voulez montrer que vous êtes forte parce que vous êtes une femme !

J'ai eu tort. Que n'ai-je pas dit ? Sa bouche se tord dans une grimace plus horrible que les précédentes ; puis son visage déformé me scrute avant de prononcer le mot :

– Sexiste en plus ! Sais-tu que je pourrais alerter notre brigade d'intervention contre les injures liées au genre, à l'origine, à la couleur, à l'orientation sexuelle et à la religion ? J'ai d'excellentes équipes prêtes à épingler toutes les phobies, genrophobie, grossophobie, islamophobie. Et pourtant, je ne vais pas le faire. Je n'utiliserai pas la méthode forte, je préfère que tu ouvres l'œil sur la réalité.

Nous ne devons pas parler de la même réalité. Ce que je vois partout est une ville bruyante, polluée, sale, et violente comme jamais. Mais Anne n'est jamais à court d'arguments :

– Sais-tu par exemple, pauvre petit sexiste, que nous avons rebaptisé quantité de rues et de places de noms féminins ? Simone Weil, Olympe de Gouges, Antoinette Fouque, Françoise Dolto, Rosa Parks...

Devant mon air dubitatif, elle croit bon de préciser :

– Oui, Rosa Parks, cette femme qui a lancé la lutte contre le racisme dans les transports aux États-Unis en 1955. À l'époque, on n'en parlait même pas en France !

– Évidemment, ça n'existait pas, en France ! Vous feriez mieux d'honorer Gaston Monnerville, cet élu noir de Guyane devenu président du Sénat en 1947... Ce qui était impensable aux États-Unis !

– Tais-toi ! s'écrie Anne.

Après quoi, elle reprend son énumération :

– Sais-tu que, *pour ton bien*, dans le quartier du Marais, j'ai repeint les passages protégés en couleurs arc-en-ciel afin de lutter contre l'homophobie ?

Je l'imagine avec ses pinceaux et ses pots de peinture. Déjà son prédécesseur, Bertrand Delanoë, expliquait aux journalistes qu'il était *en train de construire* plusieurs piscines à Paris. Les gens de pouvoir ont cette fichue tendance à donner à croire qu'ils font tout eux-mêmes. Mais tandis qu'Anne égrène ses bonnes actions, je la dévisage, songeur.

Elle doit avoir à peu près mon âge. Probablement a-t-elle connu *grosso modo* les mêmes phases de révolte, de gauchisme, de baba-coolisme avant de rallier le Parti socialiste. Sans doute a-t-elle éprouvé la même foi dans le progrès contre tous les conservatismes et les nationalismes étriqués. Aujourd'hui, c'est une femme de pouvoir. Elle s'est rangée sur beaucoup de points, elle privatise à tout va et fait porter son parapluie par un fonctionnaire lorsqu'elle se déplace avec la reine d'Angleterre (qui porte elle-même le sien). Mais elle garde son ardeur de jeunesse pour dénoncer l'ennemi embusqué, réac, sexiste, pollueur, et je sens que ma présence à Paris lui déplaît – bien que je ne sois qu'un humble piéton sans voiture. J'ai eu le tort de m'exprimer publiquement sur ses méfaits. Elle veut que je me soumette ou que je m'en aille, mais que je la laisse réinventer Paris. Elle ne veut plus de moi, même pas dans ses cimetières qu'elle entend réserver à des héros positifs. Et, tandis que je réfléchis, elle en revient aux faits :

– Je t'ai préparé une surprise pour ce matin, avoue-t-elle en s'approchant de mes rideaux.

De dos comme de face, je n'y peux rien, je ne lui trouve aucun charme. Elle pourrait être jolie avec sa taille moyenne, ses cheveux sombres et son type espagnol. Mais l'ego qui séjourne dans ce corps me déplaît. Arrogant, faussement aimable pour se mettre en valeur, mais plein de dédain pour l'adversaire. Son autosatisfaction a quelque chose de vulgaire... Porté par mes pensées, j'ai marmonné ce mot, et la réponse ne se fait pas attendre :

– Mépris de classe !

– Comment cela, mépris de classe ?

– Crois-tu que je ne t'aie pas entendu ? Cette notion de vulgarité, c'est comme le reste : tu veux m'enfermer dans des clichés : mon identité de femme d'origine modeste parvenue au pouvoir. Tout ce que déteste un homme issu de la bourgeoisie, qui n'a pas réussi grand-chose mais qui reste hautain pour juger le monde entier. Tout cela ne me touche guère, moi, je préfère agir.

Soudain, elle tire les rideaux. Une lumière vive entre dans la chambre éclairant mon ventre bedonnant et mon torse pâle. Anne esquisse un nouveau sourire, comme si elle s'amusait de ma triste silhouette. Puis, d'un geste volontaire, elle ouvre grand la fenêtre et, aussitôt, j'entends retentir au loin une voix qui hurle dans un micro :

« *Aujourd'hui, Journée du Bonheur !* »

Ces mots semblent l'apaiser. Ses traits se détendent. Elle retrouve un air de petite fille, tandis que l'animateur poursuit :

« *Venez nous rejoindre, place de l'Hôtel-de-Ville.*
Nous allons danser, courir, chanter,
c'est le jour des bisous et des câlins. »

Je voudrais dormir, être seul, me reposer. Mais Anne a ouvert mon placard. Elle cherche des vêtements et me regarde à nouveau avec compassion, comme une grande sœur.

– Allez viens, habille-toi, on va faire des bisous et des câlins.

C'est alors que je me réveille, dégoulinant et tout chamboulé par cette intrusion nocturne. Pourquoi cette femme m'obsède-t-elle à ce point ? Pourquoi mon esprit malade la voit-il comme une diablesse ? Je ne sais presque rien d'elle. Elle est peut-être charmante, comme dit mon copain Gaspard. D'ailleurs je n'ai pas écrit ce livre pour parler d'elle. Je voulais raconter mes expériences de promeneur, m'intéresser à des transformations urbaines amorcées avant son élection et qu'elle entend pousser plus loin pour mon bien… Mais n'est-ce pas justement ce *bien* qui la rend effrayante à mes yeux, comme symbole d'une époque où les autorités sont prêtes à vous infliger toutes les punitions au nom des bonnes causes, à vous harceler pour vous protéger, à vous faire souffrir pour votre sécurité, à vous interdire tout ce que vous aimez pour votre hygiène et votre santé, et à transformer ce monde en pénitence pour le sauver du naufrage ?

4

Sécurité et liberté

Quartier Notre-Dame

J'ai eu le bonheur, un soir, de gravir l'escalier du grand orgue de Notre-Dame. L'organiste et compositeur Thierry Escaich devait donner un concert, et nous l'avions rejoint avec quelques amis pour la répétition. Après avoir accédé à la tribune par la tour sud, nous avions passé deux heures sous la voûte immense, seuls dans la cathédrale fermée au public. Thierry jouait et improvisait sur cet instrument aux huit mille tuyaux, conçu par le génial Aristide Cavaillé-Coll. Tout en écoutant ses toccatas flamboyantes, je contemplais les galeries surplombant la nef avec l'impression délicieuse de rencontrer à la fois le monde médiéval, l'histoire religieuse, l'histoire de France et l'histoire littéraire (Quasimodo se nichait probablement quelque part) – sans oublier l'histoire musicale ni le célèbre Louis Vierne qui était mort en s'effondrant sur ce même clavier, un jour de 1936, laissant en guise d'adieu un terrible accord dissonant.

Habitant depuis trente ans l'île de la Cité où vivait déjà mon aïeul (ma mère se rappelait le bougnat du quai aux Fleurs), j'ai vu se transformer le quartier de Notre-Dame. Après mon installation, quand j'empruntais l'étroite rue des Chantres, je m'attendais encore à tomber nez à nez avec le chanoine Léonin ou son élève Pérotin qui avaient composé, ici même, au XIIIe siècle, les premières polyphonies. Plusieurs fois par semaine, au gré des courses ou des promenades, je m'arrêtais dans la cathédrale pour en savourer l'ombre, l'espace et le parfum d'encens. Les touristes déjà nombreux n'empêchaient pas, alors, de déambuler d'une chapelle à l'autre devant un assortiment de tableaux et d'objets religieux, de cierges porteurs de foi ou de superstition. Des offices étaient en cours sous la nef, comme si la cathédrale des badauds entourait celle des fidèles, mais la dimension du lieu rendait possible cette cohabitation entre l'église et le forum. J'admirais les rosaces du transept et les baroqueries du chœur. Un peu plus tard, ressortant sur le parvis, je jetais un œil amusé à la pierre indiquant le « point zéro » des distances françaises.

D'une promenade à l'autre, j'ai appris à aimer Notre-Dame sous tous les angles : et d'abord près de chez moi, côté rue Chanoinesse, en abordant sans recul cette muraille de sculptures et de gargouilles, très différente de la perspective spectaculaire qu'offrent la façade et ses deux tours. Depuis la berge de la rive gauche, le long du petit bras de Seine, la cathédrale révèle toute sa splendeur dans la végétation fleurie – et même l'hiver au-dessus des arbres nus où piaillent les moineaux et croassent les corbeaux. Plus loin, depuis le pont de Sully, elle se dresse comme une vigie au cœur de Paris. Et si, venant du nord, on descend la rue Beaubourg vers l'Hôtel de Ville, il semble alors que le bâtiment s'élève peu à peu, surplombé par ce toit extraordinaire – qui a brûlé le 15 avril 2019 – et qu'elle domine le quartier tout entier, comme si les immeubles de la Cité n'étaient que de petits personnages au pied d'un immense vaisseau.

Les beaux jours venus, j'allais rechercher l'ombre au square Jean-XXIII, ce merveilleux jardin niché sous les arches de pierre qui descendent en volutes au chevet de la cathédrale. Les feuillages denses et bien taillés des platanes y assuraient en plein été une délicieuse fraîcheur, agrémentée par l'écoulement de la fontaine néo-gothique. Et quelquefois encore, dans le kiosque à musique, une fanfare suédoise ou de la marine française donnait un récital, augmentant le plaisir qu'on éprouvait ici, entre rive droite et rive gauche, à la croisée des bras de la Seine, dans cette pure beauté urbaine.

Principe de précaution

Les choses ont changé, pourtant, au fil des ans, faisant de ce quartier toujours davantage un bastion du tourisme de masse. Ce fut d'abord la transformation progressive de tous les magasins en boutiques de souvenirs. La charcuterie, l'opticien, la pharmacie, la banque ont fermé l'un après l'autre leurs portes pour faire place aux boutiques de souvenirs, à *L'Occitane* et à *Solaris*. Ultime survivante, la marchande de journaux a vendu en 2018 sa vieille boutique pleine d'images pieuses, ultime témoignage du temps où Notre-Dame était un lieu de pèlerinage plutôt qu'une étape entre la tour Eiffel et Eurodisney. Son fonds de commerce a été racheté par *Häagen-Dazs*. Entretemps, les cafés du quartier (longtemps fréquentés par le personnel de l'Hôtel-Dieu) et le cabaret de la Colombe (où avait débuté Guy Béart) se sont déguisés en restaurants faussement typiques avec nappes à carreaux rouges et cartes en anglais. Les serveurs, coiffés d'un béret, ont appris à héler la clientèle pour lui proposer des *apetizers* et du *french merlot*. Puis ce fut l'arrivée des VTC, vélotaxis et autobus à étages proposant la traversée commentée de Paris.

Dans leur sillage, des accordéonistes roumains ont commencé à jouer à longueur de journée *La Vie en rose* et *Mon amant de Saint-Jean* devant des Japonais extasiés, sûrs d'avoir retrouvé le Paris d'Édith Piaf. Toujours plus nombreuses, des Asiatiques se faisaient photographier en robe de mariée sur le pont de l'Archevêché, cultivant une vision kitsch du « romantisme » parisien. Puis les rambardes de cette jolie passerelle ont disparu sous des guirlandes métalliques de cadenas accrochés par des couples en vacances : curieux symbole de l'amour, venu d'Italie, qui menaçait par son poids l'architecture de ce pont charmant au-dessus du petit bras de la Seine avec ses grillages verts et sa bouée de sauvetage. La mairie a d'emblée refusé de réprimer cette mode jugée sympathique. Certains à l'Hôtel de Ville n'étaient pas loin d'y voir une forme d'art spontané qui les aurait enchantés s'il n'avait posé de graves problèmes de sécurité. Pour la sauvegarde du pont, ils ont finalement dû refaire les rambardes et remplacer les grillages par des parois en verre, de telle sorte qu'on ne puisse plus rien y accrocher. La passerelle y a perdu une partie de son charme.

Le vrai changement, toutefois, pour les habitants du quartier comme pour beaucoup de

Français, s'est produit à la suite des attentats de 2015, entraînant un contrôle systématique des visiteurs de la cathédrale. L'entrée rapide et fluide par le portail a cessé au profit d'une très longue file d'attente s'étirant jusqu'au milieu du parvis, et j'ai renoncé aux haltes improvisées sur ces bancs où j'aimais, après les vêpres, écouter quelques accords de César Franck ou d'Olivier Messiaen. Les alertes à la bombe se sont multipliées elles aussi, à la faveur de sacs oubliés, et j'ai compris que le climat de l'époque n'était plus à la plaisanterie, que l'autorité devait se montrer partout, fusil-mitrailleur à la main, et les périmètres de sécurité s'étendre sans limites. Récemment encore, ma rue tout entière s'est vue fermée à cause d'un colis suspect, pourtant fort loin de chez moi, au milieu du parvis. Comme je tentais de négocier pour accéder à mon immeuble, juste derrière la barrière, une jeune policière en uniforme m'a répondu sans aménité :

– Si ça ne vous plaît pas, vous n'avez qu'à changer de quartier !

Les mêmes dispositions redoublent lors des visites de personnes importantes. Quand Michelle Obama, de passage à Paris, a voulu visiter la cathédrale avec ses enfants, il a fallu attendre qu'elle fût partie pour pouvoir accéder à mon immeuble. La raison d'État prime sur toute autre considération. Attachée à la protection de ceux qui nous dirigent et à la prévention des moindres risques, elle étend partout ses périmètres et multiplie les infranchissables rubans de plastique importés d'Amérique. Tandis qu'Anne Hidalgo nous impose des épreuves pour sauver la planète, la préfecture de police nous rappelle que nous sommes en guerre, sans s'arrêter aux mesquines habitudes des citoyens.

Fin 2018, les déplacements se sont encore compliqués, spécialement le week-end où je vais à Radio France pour mon émission *Étonnez-moi, Benoît !* Face au mouvement des « gilets jaunes » qui s'amplifiait chaque semaine, le ministère de l'Intérieur n'y est pas allé de main morte. Le samedi, dès l'aube, le bouclage de quartiers entiers rendait la traversée de Paris quasi impossible. Comme le RER était en travaux, et de nombreuses stations de métro fermées, il me fallait partir très tôt et emprunter d'autres itinéraires étudiés la veille. Pourtant, même avec de la bonne volonté, la circulation en taxi ressemblait à un cauchemar. On naviguait à vue entre les zones bouclées par les forces de l'ordre et les innombrables barrières de chantier. Quand, enfin, je croyais pouvoir traverser l'esplanade des Invalides, je butais sur d'autres barrières mises en place par la mairie qui organisait une course d'automobiles propres (expression consacrée pour ces véhicules aux batteries très polluantes), m'interdisant elles aussi de parvenir à destination. C'est ainsi que la vie quotidienne a subi les feux croisés de la politique de circulation et des impératifs sécuritaires, comme pour illustrer cette formule mathématique :

Diminution des voies de circulation
+
Mesures de sécurité
=
Chaos urbain et ville invivable.

Le grand incendie de Paris

Un soir d'avril 2019, traversant le parvis pour aller dîner place Maubert, j'ai observé la flèche de Notre-Dame autour de laquelle venaient d'être accrochés d'immenses échafaudages et j'ai songé, un peu triste, que je ne la reverrais plus jusqu'à la fin des travaux. Je me suis toutefois interdit de râler en songeant que, sans doute, les experts et les ordinateurs avaient fait le bon choix en préférant *sécuriser* le fragile édifice planté au sommet de la cathédrale depuis cent cinquante ans. Enfin, lundi 15, vers sept heures du soir, débouchant de la sinueuse rue de Bièvre avec mes sacs de provisions, je suis arrivé quai de la Tournelle où j'ai aperçu des centaines de touristes sur le pont de l'Archevêché brandissant leurs portables pour faire des photos. Je me suis étonné de cette multitude, quand bien même il s'agit d'un des points de vue les plus célèbres au monde. Soudain, tournant la tête, j'ai découvert les grandes flammes qui s'élevaient des échafaudages. L'incendie commençait juste à se propager, mais j'ai aussitôt éprouvé une angoisse terrible devant la violence de ce déchaînement sur le monument radieux dans le ciel bleu du soir. Affolé, je me suis demandé comment les pompiers pourraient accéder là-haut (si toutefois ils parvenaient à franchir le chantier de voirie qui interdisait l'accès du pont). Puis j'ai accéléré en songeant par expérience : « Il faut vite rentrer, ils vont boucler le quartier. » De fait, la police a débarqué une heure plus tard dans mon immeuble et tambouriné pour nous prier de rejoindre un gymnase et l'indispensable cellule d'assistance psychologique ! Les agents hurlaient dans la cage d'escalier :

– Il faut s'enfuir, Notre-Dame va s'effondrer !

Séparé de la cathédrale par une rue et plusieurs pâtés de maisons, mon immeuble à l'évidence ne courait aucun risque, mais la raison ne semblait plus de mise. J'ai donc fait le mort et passé cette nuit dans la clandestinité, tandis que les pompiers maîtrisaient peu à peu le sinistre et que s'estompait l'immense colonne de fumée poussée par le vent vers la rive gauche. Je suis toutefois resté en état de choc, saisi par le cataclysme qui frappait si près de moi.

Les jours suivants, tandis que le drame tournait en boucle dans les médias, l'île de la Cité s'est transformée en camp retranché, accessible seulement au moyen d'une pièce d'identité. Les stations de métro ont fermé et le moindre déplacement est devenu extraordinairement difficile. Il n'y avait pourtant ni terroristes, ni danger particulier hors des alentours immédiats de la cathédrale ; mais l'île entière, en vertu de je ne sais quelle variante du principe de précaution, s'est transformée en zone interdite, gardée par des hommes en armes. L'unique point de passage autorisé se trouvant sur le pont d'Arcole, côté rive droite, il devenait impossible d'aller faire des courses rive gauche où se trouvent les commerces de proximité. Et quand Anne Hidalgo et Christophe Castaner, ministre de l'Intérieur, ont accompli une visite du site, au lendemain de l'incendie, plusieurs de mes voisins se sont vus priés de patienter hors de l'île avant de pouvoir rentrer chez eux.

Pour des raisons non moins mystérieuses, la fermeture de la rue de la Cité s'est prolongée davantage – alors même que cet axe, fort éloigné de la cathédrale, constitue l'un des principaux points de passage entre les deux rives de la Seine. Le général Georgelin, chargé par l'Élysée du chantier de Notre-Dame, semblait vouloir donner à l'opération une allure militaire à la mesure de l'événement. Cette fermeture a entraîné sur les deux rives des embouteillages monstres, aggravés comme toujours par les chantiers de voirie. Mais la Ville, censée protéger les intérêts des Parisiens, ne s'en est guère alarmée, comme si cette situation chaotique venait au service de sa politique de blocage de la circulation et pouvait persuader les conducteurs de laisser leur voiture au garage. Enfin, quand l'île est devenue de nouveau accessible, les touristes sont réapparus, plus nombreux encore, pour photographier le cadavre de la cathédrale, avec ce même enthousiasme qui les conduisait hier vers ce joyau de l'art gothique. J'ai songé, alors, que nous vivions dans un monde étrange où l'obsession sécuritaire n'empêche pas une charpente vieille de huit siècles de partir en fumée, où ceux qui circulent et travaillent à Paris semblent prêts à tout accepter sans se révolter, et où les touristes n'ont jamais été si nombreux à se masser sur les quais pour contempler la cathédrale calcinée dont la seule vision me retourne le cœur.

Je me console en songeant que cet incendie épouvantable semble avoir épargné le grand orgue. Je m'approche de Notre-Dame par la petite rue Massillon au bout de laquelle se dresse toujours la muraille moyenâgeuse avec ses gargouilles. Mieux encore, durant ces jours où l'île était interdite, sauf aux résidents, deux ou trois cafés à touristes ont ouvert leur terrasse pour les voisins et ranimé une place de village en plein Paris. On peut toutefois redouter que la catastrophe du 15 avril et le programme de restauration qui commence n'accélèrent la transformation totale et définitive de l'île de la Cité en base touristique mondiale, conformément aux projets de la Ville et de l'État.

Quant au square Jean-XXIII, cette oasis de fraîcheur, si joliment implantée entre Notre-Dame et la Seine, le voici désormais entouré d'une haute muraille, conformément aux instructions des autorités qui ont choisi ce lieu pour édifier la « cité de chantier ». Aucune consultation avec les habitants du quartier, pourtant déjà durement touchés dans leur vie quotidienne. Et pas davantage de solution alternative, comme d'utiliser seulement la portion de jardin qui longe Notre-Dame, en laissant accessible ce petit carré de verdure derrière la cathédrale ; ou d'implanter les bâtiments de chantier sur le vaste parvis nu du monument... Loin de tels accommodements, les décisions brutales se sont enchaînées : sitôt bâti ce mur qui dissimule les arbres et la végétation, les autorités l'ont recouvert de rouleaux de barbelés, comme s'il s'agissait d'un terrain militaire abritant de mystérieuses opérations stratégiques. Les habitants du quartier ont à peine osé réagir, puisque la restauration de Notre-Dame était en jeu. Seule l'obstination d'une association a empêché que les platanes du square soient purement et simplement abattus.

5

Un potager sur le boulevard

Mobilier urbain

Lorsqu'elle avait accompagné son mari en voyage présidentiel à Paris et qu'on l'avait interrogée sur ce qu'elle préférait, Nancy Reagan avait, paraît-il, désigné l'Hôtel de Ville... Des années plus tard, l'anecdote faisait sourire dans les milieux cultivés, telle une confirmation du côté « plouc » du couple présidentiel américain, capable de se pâmer devant du faux gothique ou du faux Renaissance – quand le bon goût nous prie de préférer les originaux. Quant à moi, loin d'être aussi sévère, j'accorde à cet immense bâtiment édifié après la Commune certaines beautés extérieures et surtout intérieures. Les statues des édiles et des savants parisiens sur la façade, les grands salons ornés de fresques à la gloire des métiers et des régions françaises, ou les peintures historiques de Jean-Paul Laurens évoquant le Paris d'Étienne Marcel m'ont toujours enchanté.

L'autre jour nous traversions avec Jean-Sébastien la vaste place de Grève qui s'étend devant l'édifice. Autrefois réservée aux supplices des condamnés à mort, elle est devenue sous Bertrand Delanoë le siège d'un festival permanent où les bonnes causes municipales (L'air, les femmes, L'Europe, la diversité...) alternent avec les rendez-vous festifs ou sportifs. C'est fatigant pour les oreilles, mais quand même plus agréable que les hurlements des malheureux sous les coups du bourreau, tels que les décrit Casanova assistant en 1757 au supplice de Damiens. Pour l'heure, nous marchions vers le métro sur l'esplanade exceptionnellement déserte. Aux fenêtres de la mairie s'agitaient seulement quelques drapeaux arc-en-ciel déployés après une agression homophobe commise la semaine précédente dans le Haut-Jura. Ça ne coûtait rien, ça se voulait solidaire... Mais Jean-Sébastien semblait plus intrigué par les poutres de chantier abandonnées ici, probablement après le démontage d'une précédente exposition : de longs madriers en bois sombre, empilés par quatre ou cinq, sur lesquels on pouvait lire des numéros de série. Ils étaient posés en tous sens, n'importe comment, et mon ami s'étonnait que la Ville de Paris montre une telle négligence en un lieu aussi fréquenté. Mieux informé, je m'empressai de le corriger :

– Que nenni ! Ce ne sont pas des poutres ni des madriers, ce sont des bancs publics !

Jean-Sébastien, sceptique, observa de nouveau ces énormes morceaux de bois sur lesquels on pouvait, effectivement, poser le derrière pour s'asseoir un instant. J'en profitai pour tenter une explication : non seulement ces nouveaux bancs avaient été choisis par la mairie pour donner au quartier une touche « contemporaine » ; non seulement ces poutres résultaient de l'application du plan visant à « créer du lien social pour une atmosphère plus détendue », comme dit le programme municipal. Mais, en outre, ces bancs, probablement conçus par un « créateur », portaient un message et nous montraient comment des matériaux bruts peuvent s'insérer dans la sophistication du décor urbain. Le même concept s'appliquait place du Panthéon, où des blocs de pierre mal dégrossis répondaient à la sévère architecture de Soufflot et rapprochaient à leur façon la ville de la nature, dans la logique du nouvel esprit parisien de développement durable. Voilà, du moins, ce dont je croyais me souvenir après la lecture de quelques articles.

– Mais c'est laid, c'est nul, ça n'a rien à faire ici ! ne put s'empêcher de murmurer Jean-Sébastien.

J'osai une explication plus personnelle.

– On peut y voir justement un message haineux contre ce que représente Paris : la grande ville, l'histoire de France, le pouvoir et ses oripeaux… N'oublie pas qu'Anne Hidalgo a baigné, comme une grande partie de sa génération, dans une culture gauchiste qui désignait le Second Empire, la bourgeoisie et le baron Haussmann comme le mal incarné. Dès qu'on parlait de ce dernier, il fallait commencer par dénoncer l'urbanisme antirévolutionnaire fait pour contrôler les quartiers de Paris – ce qui est vrai, sans doute, mais ne doit pas dissimuler l'extraordinaire réussite de son œuvre : une ville moderne, aérée, cohérente avec ses avenues, ses squares et ses alignements d'immeubles à six étages intégrant les styles et les bâtiments de différentes époques. Désormais propulsée à la tête de cette cité, l'équipe municipale ne dédaigne plus les attributs du pouvoir, mais elle conserve une vieille méfiance pour l'architecture bourgeoise comme pour les détails de son mobilier urbain trop soigné : ses bancs publics, ses colonnes Morris, ses kiosques et ses squares.

– Ce sont pourtant ces détails qui font Paris ! Le kiosque à journaux, le toit en zinc, le marronnier sur le boulevard nous font éprouver, à chaque instant, l'impression d'être ici et pas ailleurs dans le monde.

– Sauf qu'ils ne veulent pas seulement préserver le décor, ce qui les réduirait au rôle d'agents d'entretien de l'héritage bourgeois. Ils veulent montrer qu'ils *existent*, comme ces metteurs en scène d'opéra toujours pressés d'ajouter quelque chose sans rapport avec le sujet. Ils veulent répondre comme des enfants jaloux à Haussmann et à ses successeurs : « Nous aussi, on est capables ! » Et c'est là qu'interviennent ces *créateurs*, qu'on pourrait faire travailler dans les quartiers en friche, mais qu'on invite plutôt à dégrader le merveilleux décor urbain en s'y opposant. Anne Hidalgo a ainsi imposé l'implantation du criard *Bouquet of Tulips* offert par Jeff Koons, comme si son goût proclamé de l'art contemporain se confondait avec la valeur marchande de produits frelatés ; et elle a fait installer au rond-point des Champs-Élysées des sortes de douches municipales promues au rang d'œuvres d'art à la place des anciennes fontaines et des parterres fleuris.

– N'empêche que c'est bien le décor 1900 que chacun, aujourd'hui encore, associe à Paris…

– Tu as raison, nous n'y pouvons rien. Chaque grande ville a son âge d'or dont l'empreinte demeure à travers les siècles. Le « temps de Paris » se situe à la fin du XIXe siècle, comme celui de Venise à la Renaissance ou celui de New York dans les années 1930. Ces cités ont bien sûr une longue histoire avant comme après, et chaque époque peut faire preuve d'imagination. Mais il faut tenir compte de ce contexte.

Une image éveillant l'autre, j'étais en verve :

– La municipalité de droite s'en était d'ailleurs avisée après avoir elle-même beaucoup saccagé. Sous le mandat de Jacques Chirac, on avait planté devant l'Hôtel de Ville et sur certains ponts des réverbères qui semblaient sortis d'un magasin de décoration des années 1970… avant de les remplacer par des réverbères « Belle Époque », bien mieux à leur place dans le paysage parisien. C'était un geste d'humilité et de respect pour la spécificité de cette ville, au demeurant fort adaptée à la vie moderne. L'urbanisme haussmannien, avec un siècle d'avance, semble avoir été conçu pour l'homme d'aujourd'hui, avec ses larges boulevards propices à la circulation, ses lignes de chemin de fer partant de la capitale pour se déployer dans l'Europe entière, ses jardins, ses fontaines et ses kiosques à musique, tout ce qui fait la singularité d'un *art de vivre urbain* subtilement relié à la nature.

La nouvelle municipalité a toutefois préféré « bousculer » cette organisation en y installant des morceaux bruts de nature. Elle aurait pu laisser les voies sur berges recouvrer leur ancien caractère sauvage – qui n'aurait pas manqué de séduire le promeneur au bord de l'eau. Mais cela ne l'intéressait guère de laisser le fleuve en liberté quand elle pouvait transformer ces rives en parc de loisirs. Inversement, comme Alphonse Allais qui voulait rebâtir les villes à la campagne, elle rêve d'implanter la friche en ville, à l'instar de ces poutres sommaires devant l'Hôtel de Ville, de ces rochers au Panthéon, ou de ces tables de pique-nique à l'ombre de la Madeleine, tout juste dignes d'une aire d'autoroute.

De sa besace écologiste sont également sortis les grotesques « uritrottoirs » qui invitent les messieurs à faire pipi sous les yeux de tous à l'intérieur d'une boîte rouge censée fertiliser la nature dans une optique « responsable » (quitte à provoquer la colère d'une poignée de féministes, furieuses qu'on n'ait pas imaginé un engin adapté à leurs spécificités physiologiques). Mais ce n'est rien en comparaison des zones de stationnement de vélos ou de trottinettes en libre service, qui réduisent encore le trottoir et y impriment leurs couleurs industrielles clinquantes – bleu, orange, rouge… – loin des subtils dégradés du vert et du gris parisiens.

Le marché aux fleurs

Paris, vu du ciel, est un ruban de boulevards arborés, une mer de toits en ardoise et en zinc, une composition de monuments et de jardins d'une étonnante unité. Le miracle de l'organisation haussmannienne n'en compte pas moins des laideurs et des lourdeurs. Dans mon propre quartier, les bâtiments administratifs et l'Hôtel-Dieu, rebâti à la fin du Second Empire, ne comptent pas parmi les plus grandes réussites de la capitale. Du moins ont-ils maintenu au cœur de Paris une activité quotidienne qui l'emportait encore sur les flux touristiques. Mais le récent départ des services de police et de justice vers le XVIIe arrondissement a modifié l'équilibre du quartier, conduisant le président de la République François Hollande à présenter en 2017, au côté d'Anne Hidalgo, un plan de réaménagement de l'île de la Cité.

Confié à l'architecte Dominique Perrault et au président du Centre des monuments nationaux, Philippe Belaval, ce projet est censé « réenchanter » le quartier en l'adaptant davantage à la fréquentation des masses. Il prévoit notamment la création d'une immense dalle transparente sur le parvis de la cathédrale, l'installation de galeries marchandes et un accès direct par bateau – ce qui ressemble fort à une blague conçue, quelques années plus tôt, par un groupe d'architectes qui avaient imaginé de transformer l'île de la Cité en marina haut de gamme. Sauf que c'était une blague... Aujourd'hui, c'est du sérieux. Le chantier a déjà commencé à l'Hôtel-Dieu, le plus vieil hôpital parisien qui doit être partiellement transformé en ensemble de commerces et de logements. Un tiers du bâtiment, donnant sur la cathédrale et sur les jardins intérieurs (conçus pour le repos des malades), a été concédé à un promoteur dans le cadre d'une opération immobilière contribuant à la touristification du quartier. Les activités médicales doivent, elles, se replier côté nord, entraînant de lourds chantiers au détriment des résidents de l'Île.

Le plan parrainé par Anne Hidalgo et François Hollande prévoit également une rénovation totale du ravissant marché aux fleurs, véritable îlot de verdure au milieu des édifices administratifs. De petits pavillons métalliques datant du début du XIXe siècle y hébergent des commerces de plantes et de fleurs en pot. Plusieurs chaussées judicieusement conçues permettent de s'y rendre pour retirer ses achats, hiver comme été. Cet emplacement conserve une quiétude bienfaisante avec sa fontaine Wallace à l'ombre des paulownias. Il abrite également, chaque dimanche, le marché aux oiseaux où les Parisiens aiment se rendre pour admirer les poules naines, les perruches, les perroquets, et quantité de petits animaux. Il ne pouvait donc être question de maintenir ce lieu tel quel, en se contentant de l'entretenir.

L'idée de transformer le marché aux fleurs aurait émergé après un passage d'Anne Hidalgo lors d'une cérémonie officielle. Selon certains témoins, elle aurait déploré que ce carré de verdure soit un peu « mort » – autrement dit trop calme. Elle aurait alors émis le souhait de le faire vivre, de l'animer, d'y attirer des touristes, des musiciens, bref de le rendre plus festif au lieu de le laisser végéter dans le végétal (pour ce qui est des végétaux, la mairie préfère inaugurer des potagers innovants au sommet des immeubles parisiens, invitant les légumes à grandir sous la chape d'air pollué qui recouvre en permanence la capitale).

Après le départ d'une grande partie des services de police et de justice, on peut comprendre que des aménagements du quartier soient nécessaires. Mais on peut aussi s'étonner que Hollande, Hidalgo et Perrault envisagent de s'attaquer au plus charmant recoin de l'île. L'architecte en chef, auquel on doit la Bibliothèque nationale François-Mitterrand (un des pires ratages de l'architecture contemporaine), s'est cru lui-même autorisé à juger l'emplacement « décati ». C'est pourquoi il suggère d'accomplir un grand geste architectural en recouvrant le marché d'une immense verrière pour abriter des activités diverses. On imagine au passage l'étuve que deviendrait, en plein été, ce marché aux fleurs qui a pourtant besoin de fraîcheur. Mais Perrault est coutumier de pareilles erreurs, lui qui avait prévu d'abriter les livres précieux de la Bibliothèque nationale dans des tours en plein soleil, avant de se voir obligé d'adapter son projet ! Quant à ce site qu'il juge décati, il est surtout à l'abandon depuis plusieurs années, la Ville laissant inoccupés certains pavillons malgré la demande de commerçants qui souhaitent s'y installer. Quand on veut condamner un édifice, on le laisse se dégrader et les tagueurs complètent le travail. Il ne reste plus, alors, qu'à lancer un plan de rénovation.

L'éviction salutaire de François Hollande semble avoir suspendu provisoirement le projet du marché aux fleurs. Mais, l'incendie de Notre-Dame ayant relancé les velléités de grands travaux dans le quartier, il n'est pas exclu qu'Anne Hidalgo, après une éventuelle réélection, envisage de montrer une nouvelle fois son « courage » en menant le saccage à son terme. Elle soulignera ainsi, une fois encore, combien le concept d'écologie, vu par l'actuelle municipalité, est étranger à cette domestication subtile des éléments naturels qui caractérisait l'urbanisme parisien, ses rues, ses arbres, ses jardins et ses fontaines.

Loin de telles considérations, les « Verts » qui ont pris le pouvoir en ville manifestent à chaque occasion leur mépris du décor dont ils ont la charge. On le voit encore au pied des marronniers, si bien adaptés à la ligne des boulevards : leur grille à la base du tronc permet au piéton de déambuler et à l'arbre de recevoir l'eau nécessaire, tout en donnant l'illusion qu'il jaillit du bitume… L'écologie municipale débarque alors avec ses gros sabots et décide de supprimer ces grilles pour encadrer certains arbres de planches grossières délimitant des carrés de friche et de fleurs sauvages. Certaines voix préconisent d'y « planter des aromates ». Ces lubies dignes d'une mamie d'East Village enchantent les esprits simples quand elles expriment le refus d'enchaîner les arbres. Ce faisant, elles ignorent l'esprit de l'architecture parisienne et compliquent encore la promenade sur les trottoirs déjà dégradés par l'accumulation de vélos, de poussettes et de trottinettes.

Selon l'idéologie municipale, relayée par des experts de tout poil, il faut que Paris se réforme et change son mode de vie. C'est pourquoi la Ville, toute à son écologie des trottoirs, semble peu attentive à ses vieux jardins publics. Le premier que j'ai fréquenté, dans le quartier Montparnasse, était protégé par un gardien vigilant, présent dans son kiosque dès le matin et veillant comme un père sur l'entretien des lieux… Au fil du temps, les gardiens se sont faits plus rares. On les croise quelquefois sans jamais savoir quand. Les rats, eux, se sont multipliés, conduisant à des fermetures d'urgence et privant les riverains de l'agrément de leur havre de paix pendant plusieurs mois. La végétation aussi a subi des transformations : le goût des fleurs champêtres, sauvages et désordonnées l'emportant sur les savantes compositions de couleurs. Pour couronner le tout, le moindre coup de vent est désormais un prétexte pour interdire l'accès au public, selon les impératifs du principe de précaution qui s'ajoutent au reste pour compliquer le simple plaisir de vivre en ville et de s'asseoir sur un banc.

J'ai observé la même négligence au square Jean-XXIII, dont l'emplacement historique, au chevet de Notre-Dame, pouvait apparaître comme une relative protection. En 2009, pourtant, les services municipaux n'ont pas hésité à faire abattre l'immense saule pluricentenaire qui se dressait à l'entrée, juste au-dessus du fleuve, sous le prétexte discutable qu'il créait un danger pour la navigation. L'opération a eu lieu la nuit, comme un acte criminel, et les voisins l'ont découverte au petit matin. Puis le service des parcs et jardins a fait planter au milieu du square des sortes de sculptures en troncs d'arbres qui trouveraient leur place dans un parcours d'accrobranche, mais qui jurent avec l'esprit du lieu. Dans le même temps, les services compétents ont cessé d'entretenir la fontaine qui tintait agréablement quand on s'arrêtait ici pour lire à l'ombre des marronniers. Les maîtres des jardins arabes savaient que le son de l'eau exerce un effet apaisant pour l'esprit. Mais à quoi bon entretenir une fontaine quand, pour la municipalité, ce n'est probablement qu'un décor vieillot, peu conforme aux exigences du développement durable qui supposent d'économiser l'eau, même dans une fontaine néo-gothique au bord de la Seine ?

Pour couronner le tout, fin 2018, la préfecture de police a fermé du jour au lendemain la plupart des grilles, pour n'en laisser que deux ouvertes au flot de touristes qui traversaient le square en longeant la Seine au pied de Notre-Dame. D'après les jardiniers, la mesure était prise provisoirement pour lutter contre les détrousseurs de touristes : des petites bandes issues des Balkans qui utilisaient ces passages pour s'enfuir. Après les vacances de Noël, la fermeture s'est prolongée sans explication. À l'évidence, il ne s'agissait plus de « notre square » mais du square du complexe touristique Notre-Dame, géré par l'administration selon des critères qui dépassaient nos simples personnes. Du coup, comme la plupart des habitants du quartier, j'ai quasiment cessé de traverser ce jardin – désormais condamné et entouré de murs pour abriter le chantier de la cathédrale.

De tels désagréments quotidiens, la verte et vertueuse mairie de Paris ne semble guère se préoccuper – pas plus qu'elle ne s'est inquiétée des platanes centenaires qu'elle a fait abattre quelques mois plus tôt place de la Nation en vue de la piétonisation du quartier ; ni des soixante grands arbres (dont un remarquable cèdre de l'Himalaya) arrachés dans le quartier Bel-Air du même XIIe arrondissement afin de bâtir de nouveaux immeubles ; ni de la destruction de la moitié des Serres d'Auteuil imposée par l'extension des courts de Roland-Garros. Anne Hidalgo, qui n'a pas dit son dernier mot, promet toutefois, pour son second mandat, rien de moins que l'implantation de « forêts » en plein Paris – l'une devant l'Hôtel de Ville, l'autre au pied du Trocadéro, siège d'un des derniers axes de circulation. Projet qui souligne, avec grandiloquence, une certaine incompréhension de la spécificité urbaine et le désir de ramener la ville à l'état de nature, plutôt que de tisser l'une et l'autre avec finesse dans la tradition de l'urbanisme parisien.

6

Poupées

Anne est dans son grand bureau de l'Hôtel de Ville, juste au-dessus de l'ancien jardin privé du maire. Celui-ci est devenu un jardin public et je le traverse parfois, ce qui est fort agréable. Quant à la transformation en crèche des logements de fonction qui donnaient autrefois sur ce carré de verdure, ce fut une initiative du précédent maire, Bertrand Delanoë. Dès son élection, il a lancé cette perpétuelle campagne de communication visant à nous montrer un nouveau Paris plein de compassion, plus proche des quartiers, des gens, des associations – pour balayer comme un mauvais souvenir les privilèges et copinages de l'ancienne mairie. L'immobilier augmente, les classes moyennes fichent le camp, les services municipaux sont privatisés… mais la gauche entend montrer son sens du *care*, comme disait en bon français une autre élue socialiste, Martine Aubry. On aide les femmes, les enfants, les victimes, les jeunes gays en déshérence ; on distribue des tentes aux réfugiés et, pour souligner le tout, on aménage en garderie l'appartement du maire et ce jardin où les enfants veillent désormais sur un « poulailler pédagogique » – ce qui, pour le coup, m'enchante, moi qui adore les gallinacés.

Anne, dans son bureau, semble toutefois absorbée par une autre occupation. Devant elle est posée une curieuse poupée de chiffon. On dirait un petit garçon, les cheveux châtains bouclés, le visage couvert de taches de rousseur. Il porte des lunettes presque semblables aux miennes et Anne penche sur lui ses longs cheveux noirs, tout en se livrant à une mystérieuse activité. Dans sa main droite elle tient une petite aiguille. Soudain, elle l'enfonce d'un coup sec, impitoyable, dans le visage de la poupée en murmurant :

– Bien fait pour ta petite gueule !

Au même moment, à cent mètres de là, de l'autre côté du pont d'Arcole, je tourne en rond chez moi en attendant la pluie (cette bonne pluie qui chasse les touristes, les mendiants et les musiciens de rue) pour aller me balader. Or, à l'instant précis où Anne enfonce l'épingle, je ressens un violent élancement dans la moitié gauche de ma gencive et je m'écrie :

– Aie ! Ma dent !

Cette fichue carie ! J'aurais dû anticiper et voir le dentiste, sauf que j'ai oublié. À présent, la douleur me saisit, me broie, m'annonce qu'elle va gâcher ma journée. Je me précipite dans la salle de bains pour avaler un cachet d'aspirine. Si je savais alors (je le découvrirai plus tard) comment cette femme se joue de moi. Si je la voyais se livrer aux expériences cruelles qu'elle me réserve comme une forme d'exemple et de punition. Si je me doutais qu'elle compte recommencer, jour après jour, jusqu'au moment où je finirai par comprendre qu'elle agit pour mon bien ou, plus exactement, pour le bien de l'humanité et celui de la planète. Alors peut-être, enfin, je rentrerais dans le rang. C'est pourquoi Anne attrape une deuxième aiguille qu'elle enfonce à nouveau dans le visage de la marionnette, mais de l'autre côté. À cet instant, j'éprouve une violente douleur dans la partie droite de ma gencive. Je gémis :

– Ouille ! C'est par là maintenant, il faut vraiment faire quelque chose.

Je me précipite sur le téléphone pour appeler le docteur Barège, un dentiste assez humain pour accepter de me recevoir entre deux rendez-vous. Je m'habille en vitesse et me prépare à sortir, mais j'ignore qu'à la même seconde, de l'autre côté du pont d'Arcole, Anne a reposé la poupée sur son bureau avant de décrocher, elle aussi, son téléphone. Elle délivre ses ordres :

– Lancez les trottinettes rue d'Arcole. Installez les barrières de chantier sur toute la largeur du quai de Corse. Faites intervenir nos hackers sur le réseau RATP. Demandez-leur d'annoncer un accident-voyageur ligne 4. Situation d'urgence, faites le nécessaire...

Si du moins j'en crois certaines visions nocturnes, elle commence ainsi ses journées avec ceux qui refusent de comprendre sa politique. De fait, quelques minutes plus tard, sortant de mon immeuble, je manque de me faire renverser par un trottinetteur déboulant à toute vitesse sur sa *Lime*. On aurait cru qu'il m'attendait. Comme je l'insulte pour son incivilité, un autre fou du guidon déboule dans l'autre sens et m'évite de peu sur sa *Flash*. Je sursaute et me sens de plus en plus agité. La journée s'annonce mauvaise. Les deux-roues occupent le secteur et je m'efforce de leur échapper en me dirigeant vers la station de taxis. Grimpant dans un véhicule, j'indique au chauffeur l'adresse du cabinet dentaire. Mais quelques instants plus tard, comme nous arrivons quai de Corse, nous butons devant une barrière de chantier qui n'était pas ici la veille. Encore un trou ! Encore des travaux ! La rue est complètement bouchée ! Je pousse un cri :

– La garce !

Après quoi, je m'excuse auprès du chauffeur en lui expliquant que je m'adresse à Mme Hidalgo, maire de Paris, qui pourrit mon existence jour après jour pour rendre l'air pur et la vie meilleure. Je la qualifie de « sorcière », puis je me laisse emporter et je la décris, enfourchant son balai pour semer la désolation. Le conducteur m'apporte un soutien franc et massif. Il partage, comme toute sa corporation, ma détestation de cette femme qui rend Paris invivable et surtout *incirculable*. Il n'y a pas si longtemps, je voyais les taxis comme des « beaufs » misogynes et passablement fachos que je prenais plaisir à faire parler pour les entendre proférer les pires horreurs. Aujourd'hui, nous sommes en symbiose et je pourrais m'inquiéter : partageons-nous une indignation légitime ? Ou est-ce que je serais devenu, à mon tour, un beauf ?

Quoi qu'il en soit, je me trouve contraint, vu la paralysie totale de la circulation, d'interrompre cette course. Après avoir payé mon dû, je décide de gagner au plus vite la station Cité pour prendre le métro qui me permettra d'arriver chez le dentiste. Je traverse en courant le marché aux fleurs dont les jolis pavillons tagués, presque à l'abandon, me donneraient envie de pleurer, si je n'avais la tête à cette rage de dents. Enfin, après avoir dévalé l'escalier de la station Cité, j'entends un message diffusé sur les quais :

– Le trafic est interrompu, direction Montrouge, en raison d'un accident-voyageur.

Accident-voyageur, il ne manquait plus que ça. En temps normal, j'irais droit au guichet pour corriger la préposée et lui signaler qu'on dit, en français, « accident de voyageur » et qu'« accident-voyageur » est un anglicisme. Mais j'ai l'esprit ailleurs, en quête de tout moyen pour atteindre le cabinet dentaire. Et, tandis que je cherche une autre solution, une nouvelle douleur, plus violente que les précédentes, me traverse l'estomac, comme si cette foutue rage de dents se déplaçait dans mon corps. Transpercé par un couteau, je me tords dans la station, puis me relève en sueur, hébété, me demandant si je ne devrais pas plutôt filer chez le médecin, ou au service d'urgence qui existe encore à l'Hôtel-Dieu. C'est ainsi que je remonte péniblement l'escalier du métro, souffrant de toutes parts. À cent mètres de là, dans un bureau de l'Hôtel de Ville, Anne regarde une poupée de chiffon qui me ressemble, et cherche où elle va enfoncer la prochaine aiguille.

7

Assassinats de Paris

Conversation avec Isabelle

Heureux de nous retrouver pour le 15 août à Étretat, nous avons traîné sur les galets à la nuit tombée en évoquant mille questions : comme le bien-fondé d'avoir des enfants (pour ma part je prône l'objectif zéro); l'âge de la retraite (destiné pour notre génération à reculer sans fin), notre comportement en cas de cancer grave (suicide ou chimio), ou encore nos séries comiques préférées... Après quoi, nous en sommes venus à la circulation dans Paris *intra-muros*. C'est alors seulement que la voix d'Isabelle s'est légèrement enrouée, comme si elle s'apprêtait au pire et entrait en résistance. Car il était clair que la question des embouteillages allait nous conduire à celle de la maire de Paris, en l'occurrence Anne Hidalgo, pour qui elle devinait mon antipathie. Au contraire, ma cousine, plus attachée à ses références « de gauche », voyait cette femme comme une incarnation du courage politique, refusant les compromis et agissant pour le bien public. À son avis (je l'ai compris au ton désolé de sa voix), mon hostilité devait avoir de mauvaises raisons, comme le goût de la polémique, voire une forme de misogynie. C'est pourquoi elle a préféré clore un inutile débat en me rappelant sa position de principe :

– Désolé, mais je pense qu'il y a trop de circulation en ville et qu'il faut agir.

Elle a évité le trop convenu « pour la protection de la planète » – formule pénible à force d'être rabâchée par ceux qui s'en sont désintéressés pendant si longtemps. Et je l'ai assurée que j'étais d'accord avec elle : oui, bien sûr, il y avait trop de voitures en ville, trop de voitures partout. J'avais même écrit en 2002 un bref essai sur ce sujet : *Le Grand Embouteillage*, au titre inspiré par la comédie éponyme de Luigi Comencini, dans laquelle un bouchon sur l'autoroute, aux environs de Rome, finit par se figer définitivement, obligeant les conducteurs à commencer une nouvelle existence au milieu des voitures. Je partageais donc l'observation d'Isabelle… Sauf que notre échange illustrait, une nouvelle fois, le débat faussé mis en scène à longueur de médias entre les « pro » et les « anti »-Hidalgo : comme si seuls les premiers s'intéressaient à la santé des Parisiens, tandis que les adversaires de sa politique ne seraient que les défenseurs obtus de l'automobile et de la pollution. La bouillonnante édile parisienne ne manque pas, d'ailleurs, de le marteler à chaque occasion, se posant comme la patronne d'une « ville qui respire » contre les lobbies attachés aux moteurs Diesel et aux autoroutes urbaines.

J'ai donc tenté d'expliquer à Isabelle comment dans mon quartier du centre de Paris (là où, précisément, la municipalité a lancé sa principale offensive), cette politique de restriction de la circulation a produit exactement l'effet inverse ; comment les embouteillages s'y sont aggravés, avec le bruit et la tension qu'ils génèrent ; et comment chaque soir, dans la moindre ruelle autrefois déserte, des véhicules patientent, réchauffent l'atmosphère, émettent des particules fines.

Tout en m'efforçant de faire entendre à Isabelle cette réalité, j'observais toutefois que, d'une certaine façon, *elle ne me croyait pas* et jugeait mes propos orientés : comme si j'étalais mes petites misères d'habitant des quartiers riches, mais aussi une vision conservatrice, aveugle au nécessaire « changement de mentalités » que la municipalité prône pour notre bien. Je ne faisais pourtant que décrire ma vie quotidienne et ne manquai pas de le souligner :

– D'accord avec toi pour diminuer la circulation… Mais cet objectif, telle qu'il est mis en œuvre, produit autant de nuisances qu'il en supprime. Ce qui soulève pour le moins un problème de méthode.

À nos pieds le va-et-vient des vagues caressait les galets. Des étoiles brillaient au-dessus de la mer et Isabelle n'était pas à court d'arguments :

– Il faut le temps que ces mesures portent leurs fruits ! Crois-tu que les grands travaux d'Haussmann, que tu admires tellement, ont été une sinécure pour les Parisiens ? Sais-tu combien de rues et de quartiers on a détruits pour façonner le Paris d'aujourd'hui ? Combien de coups de marteau, de charrettes à cheval, de sabots sur les pavés ? Tu devrais regarder aussi les photos de la construction du métro, toutes ces avenues éventrées par les chantiers. Ça ne devait pas être facile, alors, de circuler. Une ou deux générations ont payé pour bâtir la ville que tu aimes.

Elle garde sa confiance dans le discours municipal qui vise à « dissuader » progressivement les automobilistes. Sauf que j'entends ce discours depuis plus de dix ans sans aucun autre effet, pour l'heure, que davantage, de voitures coincées, de sirènes hurlantes et d'agressivité.

Je me suis rappelé alors une autre discussion avec Gaspard, ce copain journaliste qui aime beaucoup Anne Hidalgo. Il me jure qu'elle est douce, gentille, attentive – impression qu'elle exerce visiblement sur de nombreux gays de son entourage. Elle a pour eux des manières de grande sœur. Quant aux beaufs en bagnole qui prétendent envahir une ville si vertueuse, Gaspard résume d'un mot :

– Ils n'ont qu'à prendre le métro !

Il affirme cela dans d'un élan d'égalitarisme cruel, ajoutant que Paris possède le meilleur réseau de transports en commun. Tous dans le métro et tous à vélo ! Y compris les vieux, les enfants, les handicapés, ceux qui doivent faire des courses, des livraisons, des travaux. Et tant pis pour les millions d'habitants des départements limitrophes. Tous dans le métro, sans exception ! La vie de la planète est en jeu. Gare à ceux qui vivent à cinquante kilomètres de Paris sans disposer, devant chez eux, d'une station de train ou de RER. Ils peuvent bien s'être endettés pour acheter une voiture, comme la société les a encouragés à le faire. Ce ne sont que des pollueurs. Pas d'exception. Tous à vélo ! Les choses paraissent simples sous les yeux d'un jeune journaliste progressiste et célibataire demeurant au cœur de la capitale.

L'autre jour, il me parlait avec émotion du film *120 battements par minute* qu'il avait découvert comme un témoignage bouleversant sur les années noires du sida. Ayant pour ma part connu cette période, je me suis cru obligé de lui signaler que l'association Act Up, idéalisée par ce film, se caractérisait souvent, à l'époque, par son hystérie et ses slogans haineux désignant la société comme responsable du sida. Ceux-là même qui avaient favorisé l'extension de l'épidémie en dénonçant le HIV comme un mensonge anti-gay, se retrouvaient dans ce pathétique mouvement où ils appliquaient la règle d'or néo-gauchiste : « Je me suis trompé sur tout, mais je continue à faire la leçon. » Aujourd'hui, ces militants aigris revenaient sur l'écran comme des héros ! Mon ami, pourtant, avait trouvé ce film « émouvant ». Peu lui importait la réalité à laquelle il préférait cette vision romantisée. C'était pareil avec Hidalgo. Peu importait que les nuisances augmentent réellement, puisque cela se faisait au nom d'un bel idéal : la protection de notre santé et la lutte contre le réchauffement climatique.

J'avais l'impression de parler de choses concrètes ; mon camarade me renvoyait le conte de fées de la maire, en train de bâtir une ville meilleure et contrainte de nous faire souffrir pour notre bien.

Les choses paraissent simples selon qu'on est de gauche ou de droite, socialiste ou libéral, démocrate ou républicain. Chacun parle la langue de son camp et celle de l'identité politique adoptée dès sa jeunesse, par tradition familiale ou en opposition à celle-ci. Pour les uns, la mairie socialiste incarne forcément la vertu, l'ouverture et le progrès. À l'instar de Bertrand Delanoë, son prédécesseur, Anne Hidalgo aime les grandes entreprises et leurs puissants patrons ; elle n'a rien contre l'économie de marché, mais elle marque l'évolution de la gauche vers les combats « sociétaux » : droits des femmes, des LGBT, des migrants et primauté des circulations douces. Selon une opinion répandue dans son camp, la gauche a arraché Paris au système mafieux tenu par une vieille droite prompte à bétonner pour subventionner les copains. Pour les autres, inversement, la politique moralisatrice et dispendieuse des élus socialistes n'a eu pour effet que d'endetter la ville, de la salir, de la détruire, de la laisser envahir par toute la misère du monde et de réduire encore, pour des millions de citoyens, la simple liberté de se déplacer.

On pourrait cependant proposer une autre lecture et souligner que les administrations municipales successives ont mis en œuvre, en plusieurs temps et avec des méthodes différentes, la même radicale transformation du mode de vie parisien. Leur emprise sur l'organisation urbaine a modifié la forme mais surtout l'esprit de cette ville. Ils ont poursuivi, chacun à sa façon, ce que l'historien Louis Chevalier dénonçait, dans un livre paru en 1977, comme *L'Assassinat de Paris*.

Vandalisme de droite, vandalisme de gauche

Ancien condisciple de Georges Pompidou à l'École normale supérieure, Louis Chevalier était un historien de la capitale connu pour des textes hauts en couleur comme *Montmartre du plaisir et du crime* (1980) et surtout *Les Parisiens* (1967), dans lequel il explore le caractère particulier de cette ville : sa population, son histoire, son mélange des classes sociales, son foisonnement de spectacles et d'activités humaines, sans oublier cette poésie urbaine abondamment illustrée par la littérature et le cinéma – tout ce qui a fait la singularité de Paris et son rayonnement.

Les grands travaux lancés dans les années 1960, et plus encore dans les années 1970 au nom de la nécessaire « modernisation », lui sont donc apparus comme un assassinat en bonne et due forme de ce caractère parisien, illustré par le saccage de quartiers entiers : la place des Fêtes, le plateau Beaubourg, la place d'Italie, le quai de Grenelle ou l'ensemble Maine-Montparnasse. Pour couronner le tout, la destruction des Halles, en 1971, a représenté selon lui un coup fatal en renvoyant vers la banlieue l'activité foisonnante et nocturne d'un quartier qui n'était pas seulement le « ventre de Paris », mais aussi son cœur battant.

Au-delà même des questions d'architecture et d'urbanisme, l'assassinat de Paris s'est traduit par une migration de l'ancien « peuple de Paris » vers les banlieues fraîchement recouvertes de cités et de lotissements, parallèlement à la gentrification urbaine qui allait enlever à la capitale beaucoup de son caractère. En ce sens, la mort de Pompidou en 1974, son remplacement par Valéry Giscard d'Estaing, puis l'élection de Jacques Chirac comme premier maire de Paris (la ville étant jusqu'alors administrée par l'État), n'allaient pas interrompre le mouvement amorcé dans les années 1960. Giscard d'Estaing eut certes le mérite de mettre fin à l'urbanisme dément prisé par son prédécesseur (dont certains conseillers recommandaient l'installation d'un échangeur d'autoroutes à l'emplacement des Halles). Chirac, de son côté, allait mener dans la capitale une politique ambitieuse se traduisant par la multiplication de bibliothèques, théâtres, écoles de musique dans tous les quartiers. Mais ni l'un ni l'autre ne purent ni ne voulurent contrarier le mouvement sociologique amorcé : cet exil des classes populaires puis des classes moyennes, abandonnant la plupart des arrondissements au profit d'une population plus aisée. Le massacre architectural lui-même allait se poursuivre de façon moins voyante avec la destruction, îlot par îlot, des bâtiments jugés trop vétustes et susceptibles de faire place à des ensembles immobiliers, des galeries marchandes ou des aménagements pseudo-modernes, comme ceux, particulièrement hideux, qui allaient remplacer les anciennes halles. Le fossé se creusait ainsi davantage encore entre Paris *intra-muros* et les départements avoisinants, séparés par la frontière du boulevard périphérique.

La question de la destruction et de la reconstruction des villes est complexe. Les Chinois, dans leur histoire, n'ont guère hésité à raser des cités pour les reconstruire – ce qu'ils firent encore à Pékin, sans complexes, au cours des dernières décennies. Seuls quelques hutongs ont échappé à cette frénésie immobilière qui rappelle, en bien plus violent, les projets parisiens des années 1970. À New York, l'identité de la ville tient dans son quadrillage immuable à l'intérieur duquel destructions et constructions n'ont jamais suscité trop de nostalgie. À l'aube du XXe siècle, le Paris esquissé par Haussmann et perfectionné par les générations suivantes fut lui-même une étonnante adaptation de la ville historique à un plan simplifié. La percée des grands boulevards intégrait une grande partie des anciens quartiers et reprenait des modèles antérieurs pour généraliser l'immeuble à six étages avec deux balcons, une couverture en zinc, des boutiques au rez-de-chaussée et une forme de « mixité sociale » (comme le dirait Anne Hidalgo) à l'intérieur du bâtiment. Après quoi les grands travaux des Trente Glorieuses allaient raser des îlots entiers pour greffer, au milieu du plan haussmannien, des ensembles de tours et de barres où l'on cherche vainement le génie d'une architecture nouvelle.

Ces transformations furent toutefois moins destructrices que dans d'autres villes européennes où le bétonnage s'exerça sans mesure. Paris allait conserver pour l'essentiel son plan et sa silhouette – même si une sociologie nouvelle remplaçait le vieux brassage des Parisiens de Louis Chevalier. Inchangée par beaucoup d'aspects, la ville est ainsi demeurée comme un immense vestige du XIXe siècle, avec les avantages et les inconvénients que cela comporte. La modernité y a toutefois sa part qui m'enthousiasmait enfant, arrivant de Normandie par l'autoroute, quand nous débouchions sur le périphérique et découvrions ces voies rapides filant entre les tours ; puis ces voitures luxueuses doublant toutes les autres, dans lesquelles un personnage mystérieux, sur le siège arrière, utilisait un combiné téléphonique. Quelques années plus tard, je m'enchanterais encore sur la vaste esplanade de la Défense dont j'ai toujours aimé l'accumulation désordonnée de gratte-ciels.

Selon la geste officielle de la gauche, l'entrée à la mairie de Bertrand Delanoë, au printemps 2001, allait toutefois mettre un terme définitif aux saccages urbains commencés sous Georges Pompidou et poursuivis plus discrètement par son disciple Jacques Chirac, maire de la capitale entre 1977 et 1995. Pourtant, la politique initiée par Delanoë, puis amplifiée par Anne Hidalgo, s'est caractérisée par de nouveaux saccages conduits avec une forme de fanatisme qui n'a pas grand-chose à envier aux méthodes brutales de leurs prédécesseurs. Faute de pouvoir détruire les larges boulevards haussmanniens, on les a rendus impraticables en y insérant quantité de murets, de séparations, de voies particulières qui ont défiguré les perspectives, et leur simple traversée est devenue dangereuse. Pour donner l'illusion d'un allègement du trafic, on a multiplié les points d'engorgement de la circulation aux entrées de la ville transformées en entonnoirs urbains – ce qui aggrave encore la séparation entre une population périphérique, interdite de capitale, et une population parisienne dominée par une élite urbaine désireuse de profiter des nouvelles chaussées pour bicyclettes.

Incapable de prendre la moindre mesure pour contenir la hausse effrénée du marché immobilier, cette mairie supposément de gauche a cru afficher une politique progressiste en organisant la « mixité » sous ses formes catastrophiques – comme d'abandonner une partie de son territoire aux pauvres venus des quatre coins du monde, réduits à planter leurs tentes de fortune sous les bretelles du périphérique ou dans les squares infestés de rats. Acquise à la prééminence de l'entreprise privée, elle a confié à des sous-traitants des pans entiers de la politique municipale, comme la mise en place de véhicules en libre accès dont les marques et les logos s'étalent partout avec obscénité. Mais elle a également abandonné l'entretien du patrimoine aux enseignes de luxe dont les affichages publicitaires géants engloutissent les monuments pendant les travaux en échange des engagements financiers des mécènes.

Les quartiers historiques se sont transformés en parcs touristiques envahis d'autocars polluants qui ont paralysé la ville. Pour les groupes traversant Paris au pas de charge, on a vu se multiplier les marchands de souvenirs et la mise en scène d'un décor de pacotille, jusque dans les nouveaux kiosques à journaux – aux allures de boîtes en plastique vaguement haussmanniennes. Mais la mairie, tout en négligeant maints détails de l'architecture urbaine, s'est fixé pour mission d'encourager les événements de rue, les rassemblements festifs, les compétitions sportives, les parades communautaires et les spectacles donnés pour toutes les bonnes causes. Après l'opération « Quartier libre » qui, chaque week-end, transforme des quartiers entiers en galeries commerciales à ciel ouvert, la mairie voit plus grand. Elle a décidé d'étendre l'opération aux Champs-Élysées qui, une fois par mois, se verront piétonnisés dans le cadre du programme de détente dominical. Le bureau de poste du quartier a fermé pour cause de loyer trop cher ; mais la presse s'est mobilisée pour célébrer l'arrivée de la marque américaine *Abercrombie & Fitch*, comme une promotion pour la « plus belle avenue du monde ».

Je voudrais à ce propos ouvrir une parenthèse. Car ces animations censées illustrer la vitalité parisienne se déroulent presque toujours le week-end. Naïvement, j'avais longtemps cru que les grandes villes présentaient l'avantage d'échapper au rythme ordinaire de l'existence qui consiste à travailler le jour, dormir la nuit, faire la fête le samedi soir et se détendre le dimanche. J'aimais que la vie parisienne, comme la vie londonienne ou new-yorkaise, soit pleine de contradictions, de gens qui se lèvent quand les autres se couchent, ou qui travaillent le week-end sans qu'une administration se charge de leurs distractions. Mais la politique événementielle soumet chacun, toujours davantage, au rythme d'une capitale de province où l'on se déplace à vélo, où l'on fait du bruit le vendredi soir, des courses le samedi et du jogging le dimanche dans des quartiers fermés à la circulation. Ceux qui vivent autrement n'ont qu'à se débrouiller. Non contente de mettre le territoire parisien à disposition des organisateurs d'événements, la mairie supervise le calendrier-détente. Elle décide du « jour sans voitures » où chacun est prié de s'organiser; elle invite à sortir pour la « Nuit blanche » et bloque la moitié de Paris pour accueillir la Techno Parade; mais elle adore plus que tout ces grand-messes sportives qui rassemblent les supporteurs devant des écrans géants. Le Parisien de Louis Chevalier déambulait dans cette ville comme dans un monde riche en surprises, où la vie urbaine se découvrait peu à peu. Le Parisien d'aujourd'hui se voit offrir un programme collectif qui jalonne l'année, au rythme des week-ends, sous la houlette de l'administration et la protection de la police.

De l'assassinat de Paris commencé dans les années 1960, à celui poursuivi sous le pouvoir chiraquien, puis aux transformations programmées par la mairie socialiste, on retrouve ainsi la même obstination à faire de cette ville un terrain de grands projets, de politique et de propagande – au détriment de cette « douceur de vivre » qu'on prête encore, de loin, à la capitale française et qu'elle pourrait entretenir comme un trésor. Hier on détruisait pour bâtir des quartiers géants ; aujourd'hui on rêve de transformer la capitale française en ville d'Europe du Nord sillonnée par les deux-roues et offrant une gamme de supermarchés bienveillants. Pourtant, derrière cet idéal, les chantiers bruyants ne s'interrompent jamais, qu'il s'agisse de défoncer les chaussées pour rénover les réseaux, de ravaler les monuments pour les adapter aux impératifs touristiques, de refaire les bâtiments pour diminuer leur empreinte carbone, tout en laissant se multiplier les nids-de-poule dans les rues jonchées d'ordures. Après quoi nous sommes invités à sortir le samedi après-midi pour participer à des défilés citoyens ou faire nos achats dans des quartiers purs au milieu de l'agglomération polluée... On cherche vainement, dans cette organisation, une singularité parisienne digne d'une Histoire qui fit pourtant beaucoup rêver.

8

La chute de Jean Tiberi

Un couple français

Je déjeunais ce jour-là en compagnie d'un vieil ami à la terrasse du Récamier, adresse prisée du Tout-Paris littéraire à la frontière des VIe et VIIe arrondissements. Toujours aussi vif et joyeux à quatre-vingt-dix ans passés, cet ancien patron de presse n'avait rien perdu de son tempérament de séducteur et nous faisions régulièrement assaut d'amitiés et de frustrations exagérées : « Tu ne m'appelles jamais… », « Non, c'est toi qui ne m'appelles pas » ; puis nous partagions deux heures agréables à manger des huîtres et des soufflés en évoquant l'actualité artistique, musicale, théâtrale, politique. Tout y passait tant nous aimions, l'un et l'autre, manifester notre indépendance d'esprit étayée par des informations de bonnes sources. Au premier café, il allumait une première cigarette. Après quoi, me confiant à cet illustre aîné qui m'accordait son amitié, je l'entretenais de mes projets et lui demandais ses conseils. C'est ainsi que j'exposai timidement l'idée qui, depuis quelque temps, me traversait l'esprit et sur laquelle je voulais connaître son avis :

– Je songe à écrire un éloge de Jean Tiberi !

Ce n'était pas l'habitude lors de nos déjeuners, mais à ces mots un silence tomba. Pour la première fois, même, je sentis un peu de gêne dans le regard de ce camarade si bien disposé à mon égard et prêt à m'encourager dans mes provocations. L'exercice devait toutefois respecter certaines limites, comme je le compris tandis qu'il répondait sans sourire :

– Es-tu sûr que ce soit une bonne idée ?

À l'évidence, il ne le trouvait pas. Mais il me sembla également, au ton de sa voix et à ce regard inquiet, que ses doutes visaient moins les chances de succès de mon entreprise que son côté *indécent* ; comme si je m'aventurais sur les terres du mauvais goût. Sans rien lâcher, je précisai que tel était, précisément, le sens de mon projet : mettre en lumière l'extraordinaire mépris qui avait visé, durant tout son mandat, le dernier maire de droite parisien ; rappeler avec quelle frénésie la gauche puis son propre camp s'étaient livrées à la destruction de ce personnage qui n'était certes pas sans défauts – le pire étant d'apparaître comme un personnage secondaire, un homme de main, un fidèle second, et en quelque sorte un domestique sur lequel la classe politique et médiatique avait jeté un même regard dédaigneux. Indigne à leurs yeux des hautes fonctions auxquelles il avait accédé, le maire du Ve arrondissement, devenu maire de Paris, incarnait avec son épouse un de ces horribles couples de Français moyens sur lesquels chacun pouvait se défouler sans complexes. Cette intuition un peu confuse m'avait conduit sur une piste que mon vieil ami, décidément, désapprouvait, comme il le répéta :

– Tu devrais faire attention, tu risques de te faire du tort !

Il me sembla bien, alors, que j'aurais pu envisager de prendre la défense d'un criminel, d'un violeur en série, d'un dictateur ou d'un prêtre pédophile sans susciter pareille inquiétude. En prononçant le nom de Jean Tiberi, j'outrepassais les limites de la bienséance. Un tel sujet ne méritait aucun intérêt, à moins de s'en tenir au discours habituel sur la corruption et la nullité de l'ancien maire du Ve arrondissement. Je m'empressai donc de remballer mes arguments et changeai de sujet de conversation ; mais je ne manquai pas de reprendre bientôt ma réflexion sur ce projet menacé par d'inquiétants nuages.

*

Autant l'avouer ici, mon intérêt pour Jean Tiberi, maire de Paris de 1995 à 2001, doit beaucoup aussi à la personnalité de Xavière, cette épouse qu'on vit souvent à ses côtés durant six années de règne jugées désastreuses et qui s'achevèrent par le basculement à gauche d'une ville réputée de droite. Cette femme évoquait pour moi certains personnages du dessinateur Dubout. Son mari, bien qu'assez grand, semblait presque fluet à ses côtés, tandis qu'elle apparaissait massive, énergique et protectrice. Elle allait montrer, d'ailleurs, cette force de caractère lors des épisodes judiciaires où, prise la main dans le sac, elle nierait en bloc et se dresserait pour protéger sa famille. Xavière Tiberi, née Casanova, me rappelait aussi ces marchandes des quatre-saisons, ces crémières ou ces poissonnières qu'on voit encore sur les marchés de Paris, spécialement dans ce V^{e} arrondissement où elle avait régné avec son époux pendant douze ans avant d'accéder à l'Hôtel de Ville. Elle en avait la carrure, l'énergie, le côté populaire, jusque dans la façon simple et franche de s'exprimer, héritée peut-être de son père, lui-même pâtissier dans la ville de Corte, sous-préfecture de Haute-Corse. Et quand la presse, en 1996, l'avait accablée en révélant un rapport sur « les conditions de coopération entre les collectivités locales » commandé par le conseil général de l'Essonne, la faiblesse de sa défense l'avait rendue plus touchante à mes yeux : tout prouvait en effet qu'il ne s'agissait pas d'un travail fictif, puisque ses détracteurs pointaient en ricanant l'accumulation de fautes d'orthographe et de syntaxe dues à la plume de cette femme qui s'était mise en quatre pour écrire quelque chose d'inutile et toucher ses 200 000 francs.

Sans doute avait-elle manqué de prudence alors qu'évoluait, à toute vitesse, le regard de la société sur la politique. Dans le monde où avaient grandi les Tiberi, les notables étaient encore coutumiers de certains avantages que nul n'aurait songé à leur reprocher, dès l'instant où ils exerçaient efficacement leur mandat. Ainsi allait la toute-puissance du parti néo-gaulliste, généreux pour les amis et pour la famille – y compris pour les propres enfants du couple Tiberi qui avaient obtenu, sans justification, des logements du parc HLM de la Ville de Paris. Ils n'étaient pas les seuls et beaucoup en profitaient, artistes ou notables, de gauche comme de droite. Mais l'époque changeait et voyait grandir une force nouvelle : la république des juges, des journalistes et de l'opinion publique, prompte à veiller sur le bon usage du moindre denier public. Pourtant, après les premières révélations du *Canard enchaîné* sur l'appartement de son fils, puis sur ce rapport bâclé, l'épouse du maire n'avait pas vacillé. Tenant bon face aux magistrats qui l'interrogeaient sur son omniprésence à la mairie du Ve arrondissement et sur ses interventions dans les affaires municipales, elle rétorquait avoir simplement pris l'habitude de venir chercher son mari au bureau « afin qu'il n'oublie pas l'heure des repas » !

Sa figure, en tout cas, demeurait populaire de la place Monge à la place Maubert, et dans tous les marchés de cet arrondissement où elle vivait toujours. Jean Tiberi lui-même, malgré les attaques incessantes qui avaient émaillé son mandat de maire de Paris, avait facilement retrouvé, en 2001, son siège à la mairie du Ve, sur cette montagne Sainte-Geneviève où il se déplaçait en terrain ami. J'ai pu le constater un jour où, par l'entremise d'une amie, il a bien voulu prendre un café avec moi. Nous avions rendez-vous à la Contrescarpe, haut lieu de la place du même nom où se retrouvaient, dans les années 1960, les chanteurs venus tenter leur chance au Quartier latin. L'établissement n'a plus son charme bohème, mais Jean Tiberi m'attendait à une table tranquille et j'avais commencé à lui exposer mes observations sur le comportement des médias et de la classe politique à son égard durant les six années où il avait dirigé Paris.

Près de vingt ans avaient passé en ce printemps 2018. L'homme qui se tenait devant moi était simple, clair, détaché. Avait-il acquis dans l'épreuve une certaine sagesse ? Il s'exprimait en tout cas sans amertume, convaincu d'avoir exercé un honorable mandat à l'Hôtel de Ville. Lorsqu'il était devenu maire en 1995, succédant à Jacques Chirac élu président de la République, il avait pris nombre d'initiatives qu'on attribuerait plus tard à la gauche, comme l'ouverture des berges de la Seine aux piétons chaque dimanche, le projet de tramway ou la mise en place de cinquante kilomètres de pistes cyclables : mesures utiles et raisonnables en comparaison des bouleversements de la circulation qu'imposerait le futur pouvoir. Nous avions évoqué, aussi, cette propension des responsables de son propre camp à le lâcher au premier prétexte, comme s'ils adhéraient aux campagnes de dénigrement lancées par la gauche. Sans doute espéraient-ils s'en trouver renforcés dans la bataille pour Paris où certains entretenaient leurs propres ambitions, mais où ils ne recueilleraient que des miettes, submergés par la « vague rose » qui allait emporter la mairie.

De ces six années, en tout cas, Jean Tiberi ne rougissait pas. D'ailleurs, quand nous avions quitté la Contrescarpe et que je l'avais raccompagné pendant quelques minutes en direction de son domicile, j'avais été frappé de voir une, puis deux, puis cinq personnes s'approcher pour lui serrer la main et prendre de ses nouvelles. Lui-même en demandait à ceux qu'il connaissait : notamment ces petits commerçants encore nombreux dans le quartier. Car, sans aucun doute, Jean Tiberi, comme maire d'arrondissement, puis premier adjoint de Chirac, et enfin maire de Paris, s'était attaché à cette cause du commerce de proximité, souvent considérée comme « de droite » (la gauche avait longtemps préféré les supermarchés et les grandes chaînes de distribution, jugées plus démocratiques). De fait, la capitale française, à l'aube du XXIe siècle, demeurait exceptionnelle par la variété de ses boutiques et la richesse de ses marchés en comparaison de n'importe quelle autre ville européenne.

Le vice et la vertu

Mais j'entends à nouveau ricaner, comme si l'intérêt que je porte à Jean et Xavière Tiberi ne pouvait répondre qu'au besoin de me singulariser ; et comme si l'image de ce couple résistant aux quolibets, ou celle du petit maire de quartier veillant sur ses ouailles, n'étaient que des fabrications de mon esprit tordu... puisqu'il est admis comme une vérité biblique que Tiberi fut le pire des édiles parisiens et que son mandat marqua l'apogée des magouilles municipales, préludant à l'ère de la transparence et du développement durable. Je crois donc nécessaire de revenir sur le singulier traitement qui fut réservé à ses moindres actes dès l'instant où il fut désigné comme dauphin de Jacques Chirac à l'Hôtel de Ville.

Au début des années 1990, la capitale française apparaissait encore comme un bastion inébranlable de la droite. La ville, riche et prospère, s'était transformée en vitrine politique de l'ambition chiraquienne, déployée dans toute une panoplie de services sociaux, bibliothèques, théâtres d'arrondissements, festivals subventionnés. La municipalité vivait sur un grand train avec ses privilèges de fonctions et son parc immobilier. Fort d'indicateurs économiques favorables, mais peu sensible aux questions écologiques, l'Hôtel de Ville confondait facilement ses intérêts, ceux des entrepreneurs et ceux du RPR, le parti chiraquien – comme le prouverait ultérieurement la condamnation de l'adjoint au maire chargé des finances, Alain Juppé. Plus discret dans l'ombre du maire, Jean Tiberi apparaissait comme le fidèle second veillant sur les affaires courantes, et laissant au futur président de la République la liberté de se vouer à ses hautes ambitions. Il était l'adjoint du quotidien, mais aussi l'homme de l'ombre, héritier d'une longue tradition corse au sein des équipes municipales.

Cette image de serviteur dévoué ne doit pas faire oublier que Jean Tiberi, militant gaulliste de la première heure (il avait adhéré au RPF à l'âge de quinze ans, en 1950, quand le Général se trouvait au creux de la vague), était entré en politique comme suppléant de René Capitant, chef de file des « gaullistes de gauche », auquel il avait succédé comme député dès 1968. Élu de sensibilité « sociale », comme on disait alors, il avait voté la loi de dépénalisation de l'avortement contrairement à la majorité de son parti ; puis il s'était rapproché de Jacques Chirac qui l'avait désigné, dès 1976, comme secrétaire d'État, avant de faire de lui son bras droit à l'Hôtel de Ville. Devenu maire du Ve arrondissement et premier adjoint au maire de Paris après les élections municipales de 1985, il apparaissait désormais comme le dauphin.

Cette désignation allait toutefois le transformer en cible privilégiée. Comme prévu, la protection de Jacques Chirac lui permit de conquérir la mairie de Paris en mai 1995, quelques jours après la victoire de son mentor à la présidence de la République. Mais, dès le lendemain de cette élection, la presse et l'opposition municipale commencèrent à déployer une inlassable énergie pour réduire le nouvel édile à une figure d'organisateur louche, régnant sur les réseaux de pouvoir et de financement occulte. Lancée en 1997 par *Le Canard enchaîné*, puis distillée au fil des révélations, l'affaire des « faux électeurs du Vᵉ arrondissement » allait même transformer son mandat en feuilleton à scandales – quoique ces inscriptions de non-résidents sur les listes parisiennes semblent avoir répondu à un mot d'ordre de Jacques Chirac, demandant à ses adjoints de prendre les mesures nécessaires pour réussir un « grand chelem » dans les vingt arrondissements. Tiberi eut sans doute tort de couvrir ces inscriptions sur les listes du Vᵉ arrondissement (même si, inversement, nombre de résidents parisiens votent dans leur ville ou leur village d'origine). Il n'avait d'ailleurs guère besoin de ces huit cents voix douteuses, puisque son avance, dans le Vᵉ arrondissement, aux élections municipales de 1995, avait dépassé de trois fois le nombre supposé de « faux électeurs ». Cette fâcheuse affaire (qu'il a toujours niée) n'en allait pas moins le désigner comme l'incarnation de la magouille et le priver de tout regard objectif sur son action de maire de Paris.

Chirac, devenu président de la République, fut à peine remis en cause ; et si son adjoint Alain Juppé fut condamné par la justice, ce dernier n'eut jamais à souffrir du mépris réservé au seul Jean Tiberi. Au pays des étiquettes, les réputations sont établies pour la vie ; si bien que la faillite politique de Juppé (Premier ministre démissionnaire en 1997, avant d'assurer la défaite de son camp à l'élection présidentielle de 2016) n'allait jamais atténuer le respect porté à cette supposée haute figure de la politique française. Pour Tiberi, ce fut le contraire, et les grands médias de gauche mettraient une extraordinaire obstination à contester la légitimité de ce maillon faible, ouvrant à l'opposition la perspective d'un renversement de majorité.

Ces attaques, sans doute, étaient de bonne guerre. Mais curieusement, le « camp du progrès » semblait lui-même haïr plus que tout, chez Tiberi, l'homme ordinaire. Son origine modeste (fils d'un comptable et d'une dactylo), son mariage avec une fille du pays, mais surtout leur allure de petits bourgeois français n'étaient pas sans rappeler la typologie du « beauf », particulièrement dénigré par tous ceux qui guerroyaient contre l'esprit « franchouillard » – à l'instar de Cabu dans sa fameuse bande dessinée. Parvenus à des fonctions jugées trop élevées, ils incarnaient cette France plouc avec laquelle on souhaitait en finir. C'est pourquoi il semblait si facile de mettre au banc chaque décision du maire en le réduisant à cette figure du sous-chef mafieux, récompensé pour ses basses œuvres, mais incompétent comme maire d'une grande ville. En témoignent les titres du journal *Le Monde* au lendemain même de son élection – « Jean Tiberi est le verrouilleur en chef du système mis en place à Paris » (juin 1995) – puis la succession ininterrompue d'attaques dans le sillage des révélations du *Canard*, ne citant le nom du maire que pour appeler à sa démission, alors même que la justice n'était pas encore saisie : « La position de Jean Tiberi à l'Hôtel de Ville est ébranlée », « Jean Tiberi n'a pas l'intention de quitter ses fonctions » (juin 1996), « L'image de Jean Tiberi pèse sur l'avenir de la majorité à Paris » (avril 1997), « La majorité parisienne s'interroge sur l'avenir de Jean Tiberi » (mai 1997), etc.

Selon cette même logique, la plupart des projets lancés par la mairie se virent présentés sous un angle systématiquement négatif. Les mesures sociales, écologiques ou culturelles qui auraient mérité les éloges de la presse progressiste étaient soit ignorées, soit minorées, voire traitées de façon critique. Ainsi, quand Jean Tiberi, dès 1996, envisageait de combattre l'excès de circulation automobile dans la capitale, le grand quotidien du soir n'hésitait pas à dénoncer le « divorce » entre Paris et banlieue, la « volonté de rejeter les embouteillages sur les communes limitrophes », ou encore « la position d'infériorité dans laquelle Paris a longtemps tenu les communes de banlieue ». Inversement, les faits à charge étant systématiquement relayés, les lecteurs ne se voyaient épargner aucun détail de l'évolution des enquêtes sur les faux électeurs ou sur le rapport commandé à Xavière Tiberi par le conseil général de l'Essonne. Semaine après semaine, cette cruelle mise en scène illustrait une forme de lutte des classes entre la grande politique et les besogneux. La droite elle-même, influencée par ces campagnes d'opinion, allait se désolidariser puis s'opposer à Tiberi aux élections de 2001. Jacques Toubon, Philippe Séguin ou Françoise de Panafieu seraient au nombre de ces exécuteurs pressés d'écarter un élu désigné à la vindicte. Épousant l'imagerie créée par leurs adversaires, ils allaient étaler leurs divisions et mettre en marche la machine à perdre qui, contre toute attente, ferait basculer Paris dans le camp adverse.

Après l'élection de Bertrand Delanoë en 2001 – et, douze ans plus tard, celle d'Anne Hidalgo –, les mêmes médias ont radicalement changé d'attitude, comme si le moment était venu de mettre en valeur de façon positive chaque décision de la mairie socialiste, en laissant au second plan les polémiques suscitées par le nouveau pouvoir municipal. Quand celui-ci allait étendre la fermeture des voies sur berge amorcée par Jean Tiberi, la presse de gauche ne manquerait pas de louer cette façon de « lutter contre l'automobile », de « rendre Paris aux Parisiens » et de promouvoir une « ville verte ». Mais elle oublierait de pointer les faillites de cette politique et ne s'inquiéterait plus guère des mauvais traitements infligés aux banlieusards par la mairie de Paris – désormais relayés dans les seules colonnes du *Figaro*.

Ainsi s'est fabriquée la légende dorée de la gauche parisienne sauvant du naufrage une ville corrompue. Après les années troubles, mais brillantes, de Jacques Chirac, puis la médiocrité de Jean Tiberi, une gestion plus sérieuse se serait imposée depuis 2001. Ce nouveau Paris, proche des préoccupations quotidiennes, aurait mis un terme aux destructions immobilières et se serait attaché surtout à la qualité de l'environnement et à la santé des habitants. Autant de slogans qui, on l'a vu, ne correspondent guère à la réalité du terrain. Quant aux associations et aux réseaux troubles qu'entretenait l'ancienne municipalité, ils se sont vus simplement remplacés par de nouvelles associations et de nouveaux réseaux marqués à gauche au lieu de servir la droite : associations féministes, indigénistes, antiracistes, etc.

Les privilèges de la famille Tiberi relevaient certes de pratiques contestables et apparemment périmées. Pour autant, le mandat exercé par Jean Tiberi à la mairie de Paris ne fut pas la catastrophe qu'on évoque spontanément et mérite certaines nuances. Parmi les reproches que lui adressaient ses détracteurs de tous bords figurait notamment celui de manquer d'ambition pour une si grande ville. Car, non seulement il n'appartenait pas à l'élite politique, mais son être, son attitude, son couple le définissaient comme un simple élu local, sans prétentions nationales. Mais je me demande si ce défaut n'était pas plutôt une qualité.

Jacques Chirac avait utilisé la mairie comme un tremplin pour sa carrière présidentielle ; Delanoë puis Hidalgo allaient transformer Paris en vitrine de la nouvelle vertu écologique et sociétale, quitte à imposer aux Parisiens une folie de chantiers et de grands projets. Sous prétexte de défaire un système, ils ont voulu refaire la ville. Tiberi, lui, s'est contenté d'être maire. Peu soucieux de réinventer Paris, il a voulu l'entretenir et le conserver. Sa principale ambition était une gestion raisonnable de notable de droite, attaché à la prospérité et au confort des habitants – comme en témoignent les infrastructures mises en place lorsqu'il était premier adjoint et renforcées sous son mandat. Il a soutenu sans faille les conservatoires et théâtres de quartiers, en partie démantelés par ses successeurs. La gauche culturelle y avait toute sa place, sans souffrir d'aucun sectarisme. Dans ma propre rue, il fit élargir le trottoir et planter des arbres, ce qui fut la meilleure décision prise ici depuis trente ans. Voilà qui peut paraître dérisoire. La propagande veut des grands gestes, des symboles, de l'ego victorieux, des projets tapageurs, mais cela vaut-il mieux qu'une administration locale, modeste et imparfaite ? C'est ainsi que je comprends ma sympathie pour Jean Tiberi : Paris a besoin d'un maire aux ambitions limitées, attaché à sa ville et à son caractère plutôt qu'au sauvetage de l'humanité entière.

9

Hidalgo et Griveaux font du vélo

On se croirait aux Pays-Bas, dans un de ces quartiers ennuyeux qui s'étalent comme une banlieue infinie jalonnée de pistes cyclables. Les immeubles sont léchés, il fait calme sous les arbres, mais un parfum mortifère plane sur cette avenue où presque tout s'est éteint. Désormais trop nombreux pour les seuls résidents, la plupart des commerces ont fermé. Les autres habitants de l'agglomération ne peuvent quasiment plus accéder au centre-ville, à moins de prendre le métro ou d'entreprendre de longues excursions à bicyclette – ce qui n'est pas idéal pour revenir chargé de courses à travers cette Île-de-France au relief plus contrasté que celui de la Hollande. Seules demeurent dans le quartier quelques établissements de marque *Häagen-Dazs* ou *Starbucks Coffee*, et quelques *markets* franchisés où l'on trouve l'essentiel des produits conditionnés pour les faims micro-ondables.

Pour le reste, on roule. Les mornes bicyclettes se succèdent sur l'autoroute citoyenne réservée aux deux-roues. Mamans et papas, casqués comme leurs enfants, rentrent de l'école à vélo. Les ados foncent au milieu des autres en slalomant ; mais surtout les coursiers, plus impératifs, se manifestent bruyamment pour qu'on leur cède le passage, tout chargés qu'ils sont de provisions, de plis et de colis qu'ils vont livrer dans les étages pour un salaire de misère. Il faut du muscle pour gagner sa vie de nos jours ; tous semblent avoir assimilé cette vérité nouvelle qui les conduit le week-end dans les salles de sport et la semaine sur cette piste cyclable où ils font travailler leur corps.

Plus réticents, ou simplement plus faibles, les retraités ne sortent plus. Quelquefois, l'un d'entre eux, usant des droits que lui accorde encore sa carte de résident, prend sa voiture et se hasarde sur l'unique voie autorisée où les véhicules traînent l'un derrière l'autre sous les yeux méprisants des cyclistes. Il ferait bien de se tenir à carreau, car s'il commet l'erreur de frôler un tant soit peu la piste, ce sont aussitôt dix regards furieux et dix sonnettes stridentes qui se fixeront sur lui : chauffard et pollueur. Encore heureux qu'un agent ne se trouve pas dans le secteur pour suspendre provisoirement ses droits.

Quant aux piétons, ils se regroupent sur une mince portion de trottoir entre les façades d'immeubles, les potelets d'interdiction de stationnement, les garages à vélos et les barrières de chantier. Ils doivent se montrer prudents pour ne pas se faire renverser par une trottinette déboulant à toute allure. Le danger, heureusement, est limité par l'arrogance des pilotes et leur propension à faire vibrer leur avertisseur de loin. On se replie maladroitement sur le vrai trottoir en essayant de ne pas bousculer une des innombrables poussettes conduites par des mamans guère plus aimables pour le promeneur qui ne cède pas le passage à leur progéniture. Le mieux est d'accorder quelques risettes à bébé, ce qu'elles apprécient toujours. Voilà une bonne façon de se faire une place dans ce nouveau Paris à la circulation responsable et durable.

Ce matin, toutefois, cyclistes et trottinettistes, automobilistes et poussettistes, rolleristes et piétonnistes doivent tous s'arrêter devant la barrière de sécurité qui bouche l'avenue un peu plus loin, sous la garde renforcée de policiers lourdement armés.

– Circulez, circulez, le secteur est fermé, répètent-ils.

Si quelqu'un demande une information sur cette fermeture qui touche la moitié de l'arrondissement, ils se contentent de répéter :

– Nous ne savons pas, ce sont les ordres, nous ne pouvons rien vous dire.

Les plus courtois se contentent d'un vague :

– Cérémonie officielle.

Rien à discuter en tout cas. Pas le moindre sauf-conduit, même pour ceux qui habitent la zone proscrite. Ils patienteront comme les autres. Et pas plus d'informations sur la durée de la fermeture.

Un peu plus loin, en effet, Anne Hidalgo et Benjamin Griveaux ont enfourché deux *Vélib'*. À quelques semaines des élections municipales, les deux candidats ont décidé de débattre à bicyclette. Une série de caméras capte leur échange d'idées diffusé en direct sur les réseaux sociaux. Anne, qui vient de régner sur Paris pendant six ans, rappelle tout ce qu'on lui doit : et notamment cette obstination, ce courage, mais aussi cette souffrance (dont chaque Parisien a dû payer sa part) qui ont permis de procéder au grand remplacement de la circulation automobile et de la vie polluante par la vie citoyenne, durable et solidaire. Le jeune Benjamin, de vingt ans son cadet, est obligé de le reconnaître :

– Sur ce point, Anne, je vous dis chapeau !

– Mais ce n'est pas tout, rétorque Hidalgo qui donne un coup de pédale à son vélo électrique bleu et un sourire à la caméra.

Ce faisant, elle s'approche d'un pont où retentit la musique d'une danse des géants : d'immenses poupées grimées conçues par un artiste du Mozambique agitent leur bonne bouille et se déhanchent sur un fond de tambour qui retentit dans tout le quartier. La maire en exercice précise :

– J'ai supprimé la voiture, mais j'ai installé la fête à Paris.

Et de deux ! Griveaux semble K.-O. Il pédale à côté d'Anne et réfléchit. Soudain, se tournant vers elle, il demande, l'air de rien :

– Et la ville intelligente, en avez-vous entendu parler, Anne ?

Elle se retourne vers lui, troublée, mais veut montrer qu'elle ne perd pas son assurance, elle renchérit :

– Pour qui me prenez-vous, Benjamin ? Depuis plusieurs années, je développe les réseaux de vidéosurveillance et de capteurs sans fil. Nous publions en temps réel les taux d'oxyde de carbone et de microparticules. Je finance des incubateurs de start-up...

– Là vous me faites rigoler, rétorque Griveaux. Nous ne sommes plus au Moyen Âge. Je ne parle pas de gadgets, mais de réguler la circulation d'eau potable, le tri des ordures, le stationnement, l'éclairage urbain, en tenant compte des besoins vingt-quatre heures sur vingt-quatre. Je parle d'une ville vraiment intelligente et responsable qui diminuera ses coûts et réduira son endettement... pour le moins préoccupant.

– La situation financière est saine ! répond vivement Hidalgo qui ne désire pas s'étendre sur le sujet.

Griveaux en profite et ne la lâche plus :

– Et l'accueil des touristes, vous y pensez sérieusement ? Trouvez-vous normal, au XXIe siècle, que les habitants d'une ville-monde parlent si mal anglais ? Moi, je souhaite que tous les enfants soient bilingues à la fin du collège. Nous organiserons des temps d'initiation dès la crèche.

À ces mots, j'entrevois l'avenir radieux des petits Parisiens transformés en guides pour la clientèle internationale qui, ainsi, n'aura plus à apprendre le patois local. Pourquoi, d'ailleurs, ne pas généraliser l'affichage bilingue, contrairement à ces Québécois attardés qui prétendent défendre la diversité linguistique ?

Les réflexions se bousculent dans mon esprit. Ce débat retransmis sur les réseaux sociaux doit aider les électeurs à se faire une opinion. Dans quelques jours, ce sera le tour de deux autres candidats. Rachida Dati, maire du VIIe arrondissement, et le mathématicien Cédric Villani essaieront de se montrer encore plus éco-intelligents et se retrouveront pour une partie de jardinage au Champ-de-Mars. On peut imaginer que le débat sera vif entre l'ancienne ministre de Nicolas Sarkozy et celui qui présidait, en 2014, le comité de soutien d'Anne Hidalgo. À moins qu'un postulant imprévu ne vienne *in extremis* leur damer le pion.

Anne et Benjamin roulent à présent quai aux Fleurs, face à l'Hôtel de Ville et à l'église Saint-Gervais. Soudain, comme ils arrivent devant l'Hôtel-Dieu, vieil hôpital parisien dont les murs noirs se dressent encore au-dessus de la Seine, Anne ne peut s'empêcher de sourire :

– Savez-vous que nous avons trouvé une solution pour l'Hôtel-Dieu en vendant le tiers de sa surface à la société Novaxia, pour y développer un pôle commercial et des promenades pour les touristes, tout en conservant un « pôle santé » et un « pôle habitat solidaire » ?

Elle semble fière de l'opération menée de concert avec l'Assistance publique ; puis elle précise :

– Les urgences seront transférées ici, rue d'Arcole.

Assis devant mon écran, je sursaute. Habitant cette même rue, la plus peuplée de l'île, j'avais entendu parler du projet, mais jamais aussi précisément. Soudain, j'imagine en bas de chez moi toute la misère du monde défilant jour et nuit pour se faire soigner. J'entrevois sous mes fenêtres les blessés, les fous, les cris, les pleurs, tandis qu'Anne ajoute :

– Pas question de transformer Paris en musée !

Le pire est qu'elle a raison. Dans d'autres circonstances, je l'aurais approuvée, et je me sens piégé par plus forte que moi. Sur l'ordinateur où je regarde en direct la session Facebook, Anne désigne à présent la future entrée des urgences, juste en face de mon immeuble. Descendue de vélo, elle fait de grands gestes pour expliquer à Benjamin son projet. Soudain, elle scrute mon balcon et fixe une caméra comme si elle me parlait personnellement :

– J'ai décidé d'installer sous ces fenêtres le point de départ des ambulances qui pourront démarrer vingt-quatre heures sur vingt-quatre et intervenir dans tout Paris. La population appréciera...

Elle a prononcé ces mots en me gratifiant de son plus cruel sourire. Et je comprends qu'elle ne me lâchera plus, qu'elle m'a choisi pour proie, que le cauchemar ne fait que commencer.

10

La Ville propagande

Parades

Ce 24 juin 2017, comme chaque samedi matin, je devais me rendre à Radio France pour mon émission, chargé de dossiers, de livres et de disques rares. Le métro était loin, avec changement et longue marche à pied. N'ayant pas de voiture, j'espérais trouver un taxi en bas de chez moi. Sauf que ma rue était interdite à la circulation, comme souvent le week-end, en vertu de mystérieuses précautions décrétées par la Préfecture, sans jamais informer les habitants. Prenant mon mal en patience, j'avais marché jusqu'à la station du RER C... qui venait de fermer pour travaux jusqu'à la fin de l'été. Je m'étais alors retrouvé errant place Saint-Michel, noire d'embouteillages comme jamais avec ses voies rétrécies, ses barrières de chantier, ses autocars de touristes, mais pas le moindre taxi à l'horizon. Je commençais à craindre d'arriver en retard à la radio (ce qui ne s'est jamais produit) quand, enfin, un véhicule au voyant vert était apparu. Mais, alors que nous roulions difficilement sur les quais congestionnés, il avait fallu stopper devant des barrières de police qui nous imposaient de faire demi-tour ; car tout le centre de Paris, des Invalides aux Champs-Élysées, était bouclé pour accueillir la délégation olympique.

Faute de solution, le chauffeur avait alors entrepris un vaste détour jusqu'au fond du XVe arrondissement, tandis que l'équipe municipale présentait d'un pont à l'autre ses parades sportives, dignes d'un spectacle de Chine populaire, en même temps que le spectacle d'un Paris sans voitures. Les voitures fumaient ailleurs. Nous avions ainsi accompli deux fois la distance normale et consommé beaucoup de gasoil avant d'atteindre la Maison de la Radio où je m'étais précipité pour entrer dans le studio quelques secondes avant le générique. Succombant à ma fâcheuse habitude de tirer des théories de ma vie quotidienne, j'avais alors songé qu'un tel début de journée soulignait l'évolution du rôle de cette municipalité qui, désormais, vise moins à faciliter la vie quotidienne des habitants (leurs déplacements, leur tranquillité, le charme et l'agrément de leurs quartiers) qu'à organiser des moments fortement médiatisés et présentés comme de grands gestes « en faveur des Parisiens » ; à moins que ce ne soit en faveur d'Anne Hidalgo, cette « vraie femme de gauche » grisée par sa puissance d'élue de la Ville lumière.

J'en ai trouvé une autre illustration deux mois plus tard, après la désignation de Paris pour organiser les Jeux olympiques, quand un concert triomphal fut organisé place de l'Hôtel-de-Ville, à deux pas de chez moi. Je redoute plus que tout les festivités qui se succèdent sur ce parvis, avec leurs enceintes monstrueuses censées témoigner du bonheur collectif, mais qui imposent au quartier le harcèlement des basses et des batteries. Chaque année, début juillet, le festival Fnac Live m'interdit d'ouvrir les fenêtres ne serait-ce que pour faire passer un courant d'air (j'ai fini par quitter Paris à cette période, mais je conserve les factures de train correspondant à ces déplacements forcés). La mairie est fatigante avec ses fêtes perpétuelles qui donnent l'impression de vivre dans une colonie de vacances. L'*homo festivus*, si bien décrit par Philippe Muray, ne fait que gagner du terrain et triomphe dans les défilés sonores, parrainés par la municipalité, de la Gay Pride à la Techno Parade en passant par le Carnaval tropical, qui seraient autant de moments conviviaux – quand bien même les bistrots et commerçants situés sur les itinéraires ferment boutique, ces jours-là, pour éviter les déprédations et autres immondices que les travailleurs immigrés ramassent en fin de cortège.

À l'heure du concert organisé pour fêter avec sept ans d'avance les Jeux olympiques, j'ai donc préféré me réfugier chez des amis à l'autre bout de Paris ; puis je suis rentré chez moi après minuit, sitôt le concert achevé. Et, quand arrivera l'été 2024, je me tiendrai loin de chez moi, comme la plupart de ceux qui en ont les moyens. Je fuirai cette ville que j'aime, comme je la fuis désormais, de plus en plus souvent, dès qu'un nouveau projet voit le jour pour me rendre heureux.

D'ores et déjà, les organisateurs mettent en avant le fameux « esprit olympique » devenu, comme il se doit, « équitable » et « solidaire ». On sait pourtant comment le sport est devenu, surtout, ce monstre qui conjugue toutes les tares de l'époque : un divertissement orchestré par les marques, une parade de l'argent et de la vulgarité, une arène des comportements grégaires, et l'unique expression tolérée d'un nationalisme bien plus primaire que celui qu'on dénonce dans le champ politique. Sur un mode moins outrancier que les compétitions de football, les Jeux olympiques n'échappent pas à la tendance.

Ces compétitions qui accaparent le temps de cerveau disponible des citoyens modernes n'en fascinent pas moins la « gauche de la gauche » supposément aux commandes de la mairie de Paris. La France de 1900 mettait son ambition dans l'organisation d'Expositions universelles, vitrines du savoir-faire des nations. Elles ont marqué l'histoire de la capitale, en élevant des monuments comme le Grand Palais, la tour Eiffel ou le Trocadéro. Entre 1867 et 1937 ont poussé sur les bords de Seine les pavillons du monde entier. On y a découvert les arts africains, et le jeune Debussy s'est enchanté d'y entendre le gamelan javanais. Chaque peuple y rivalisait d'ingéniosité technique. En comparaison, les JO parisiens de 1924 n'ont laissé qu'une série de palmarès vite oubliés... Pourtant, cette belle histoire n'a pas empêché Anne Hidalgo de partir en guerre contre le projet d'Exposition universelle lancé par d'autres élus, qui risquait de jeter une ombre sur les Jeux olympiques devenus sa priorité.

Elle n'y croyait guère, au début, quand son discours lui imposait de se montrer proche des Parisiens et de leur vie quotidienne. Elle n'a pas vu d'emblée l'utilité de cette multiplication des stades, piscines et autres villages sportifs. Elle avait raison. Mais elle a pris l'habitude de mesurer le bien-être de la population à l'aune de son retentissement médiatique personnel, et a entrevu le bénéfice de cet événement mondial – quand la plupart des villes s'étaient déjà retirées de la course. C'est ainsi que la gauche municipale a rejoint le camp du spectacle sportif et que les préparatifs des Jeux contribueront, pendant les prochaines années, à pourrir davantage la vie des Parisiens, déjà fort compliquée par la fermeture des voies sur berge et l'abondance de travaux. L'avenir radieux et la « circulation douce » qu'on nous promet s'éloigneront toujours davantage, cependant que les chantiers nécessaires pour y parvenir se multiplieront : aménagement des voies, trous innombrables, marteaux-piqueurs, véhicules de secours bloqués, sirènes hurlantes et autres nuisances qui devraient s'aggraver au moins jusqu'en 2024.

D'ici là, nous vivrons sous la permanente pression idéologique de la fête sportive qui s'approche, et dont nous avons eu un avant-goût en 2018 avec l'accueil à Paris des « Gay Games », dont le simple énoncé laisse pantois. Faut-il supposer, en effet, qu'il existe une façon homosexuelle de faire du sport justifiant des compétitions spécifiques ? Ou faut-il y voir plutôt, comme l'expliquent les organisateurs, une façon de lutter contre les discriminations ? Faudrait-il alors organiser également des « jeux musulmans » ou des « championnats juifs » sous prétexte de contribuer à la tolérance – ce qui risquerait de produire l'effet inverse et ferait mauvais effet ? Ainsi va notre monde communautarisé sur lequel prospèrent des lobbies qui ne savent plus qu'inventer pour perpétuer leurs causes défraîchies. Ainsi va ce monde où le sport, comme la politique d'une ville, devient le prétexte d'une propagande permanente.

Le Message

Paris, on le sait, a servi de modèle aux grandes villes françaises où l'on retrouve souvent, autour de la préfecture, quelques boulevards d'allure haussmannienne, un jardin des plantes et une vaste brasserie en face de la gare. Le schéma s'est appliqué jusque dans les ex-colonies où maintes villes d'Afrique et du Maghreb abritaient un opéra où se produisaient les vedettes des théâtres parisiens… La règle vaut toujours et j'ai pu observer, en ce début de XXIe siècle, comment nombre de capitales régionales se sont empressées d'imiter l'exemple parisien dans sa nouvelle version : limitant les voies rapides pour entrer en ville et leur substituant des séries de feux rouges, réduisant les chaussées, installant des tramways et même parfois une grande roue au cœur de la ville, comme celle que le forain Marcel Campion a imposée place de la Concorde, en accord puis en conflit avec la mairie de Paris.

Pour caractériser ce nouveau modèle parisien, on pourrait parler de *ville propagande* : une cité qui, par-delà ses missions traditionnelles consistant à faciliter, organiser, gérer la vie des concitoyens, se voit désormais comme un instrument de communication au service de la vertu. Non pas cette vieille vertu vertueuse, conservatrice et coincée, que nos édiles souhaitent plutôt combattre en faisant face aux hordes réactionnaires qui menacent l'égalité des sexes ou le droit à la GPA. Mais une vertu en accord avec cette époque où chacun doit montrer qu'il défend la planète, la transparence, le mouvement, la fête, les droits de l'homme et, simultanément, combat les stéréotypes de genre, le nationalisme, le populisme, etc. Cet affichage constitue désormais le cœur de l'action municipale dont l'élue twitte à longueur de temps et arpente le terrain au rythme des *selfies*, telle une grande prêtresse du progrès, adoubée par les citoyens en fonction de ces messages autant que de son action sur le terrain.

Par ses discours et ses projets, la ville de Paris souhaite apparaître comme la capitale du volontarisme contre la dégradation de l'air (peu importe en regard de cet affichage qu'elle demeure ville surencombrée, bruyante et toujours polluée). Elle se montre généreuse en prônant l'accueil des migrants venus des quatre coins de la planète (peu importe que ceux-ci vivent réellement comme des misérables au pied du périphérique – pour des raisons que la Ville refuse d'assumer en renvoyant à la responsabilité de l'État). Elle entend montrer qu'elle n'est pas conservatrice mais moderne et que son cadre historique est ouvert à la création (quitte à planter n'importe quoi n'importe où, tels les bancs-poutres de l'Hôtel de Ville ou les rochers du Panthéon). Elle affirme : « Je veux que la nature retrouve ses droits à Paris » (tout en envisageant de bâtir chaque année dix mille nouveaux logements dans cette ville déjà particulièrement dense). Elle soutient le mouvement Extinction Rébellion, qui bloque le centre de Paris pour « alerter les consciences » (sans aucune attention pour les habitants du quartier ni la pollution induite par ces rassemblements). Elle met en avant son « sens de l'Histoire » comme une responsabilité vis-à-vis des générations futures (mais jamais comme un héritage du passé considéré comme archaïque et appelant toujours de nouvelles réformes). Elle dit encourager la convivialité et les rencontres de quartiers (qui ne changent rien aux décisions déjà prises). Et, de la même façon, elle entend partout se montrer jeune et festive en multipliant les opérations de plein air, les festivals, les *fan zones* (peu importe les nuisances que cela entraîne pour les quartiers concernés). Ainsi va la *Ville propagande*, parfaite illustration de ce que Guy Debord désignait comme la société du spectacle, où seul compte le message, tel un voile jeté sur la vie concrète.

Cette politique urbaine est le domaine privilégié des élus dits « socialistes » qui, après avoir renoncé à ce qui les définissait (l'opposition au capitalisme), ont trouvé une seconde nature dans cet affichage ludique et vertueux opposé à tous les conservatismes. Jack Lang fut leur professeur dès les années 1980, en créant la très anti-musicale fête de la Musique. Bertrand Delanoë fut l'un de ses héritiers, désigné par son homosexualité assumée comme un héros des nouveaux combats sociétaux. Anne Hidalgo fut plus radicale encore en tant que femme, toujours prête à dégainer à la moindre attaque pour dénoncer le sexisme. Limitée, mais obstinée, elle n'a pas hésité à porter à la mairie toutes les supposées valeurs de sa génération qui est aussi la mienne. Elle nous le rappelle à chaque occasion, par les invités qu'elle honore ou par le choix des actions municipales : le mouvement, c'est bien, l'immobilisme, c'est mal ; l'animation, c'est bien, le calme, c'est mal ; l'ouverture, c'est bien, la fermeture, c'est mal ; l'Europe, c'est bien, la France, c'est mal (d'ailleurs la langue française est sexiste, l'écriture inclusive, c'est mieux); le vélo, c'est bien, la voiture, c'est mal; les plantes sauvages, c'est bien, les grilles autour des troncs d'arbres, c'est mal, etc. Toutes ses actions, ses décisions, ses proclamations peuvent se lire peu ou prou à la lumière de cette grille de lecture qui plane sur la ville.

Selon cette même logique, la culture au sens patrimonial est toujours jugée un peu trop coûteuse – quand la mairie regarde si peu à la dépense pour nous imposer sa vision de l'avenir. Les églises parisiennes souffrent d'un manque chronique d'entretien; et plusieurs théâtres de quartiers, créés sous l'ère chiraquienne, se sont transformés en centres d'animation au détriment de programmations plus ambitieuses. Cette évolution touche le Châtelet lui-même, temple du divertissement musical. La nouvelle direction désignée par Anne Hidalgo et son adjoint Christophe Girard a transformé cette fabrique de grands spectacles en maison de la culture alignant les spectacles engagés et organisant des soirées électro qui ont mis en péril la décoration du théâtre. La municipalité, vigilante, est également montée au front pour refuser d'honorer Henri Dutilleux, sous prétexte qu'il avait composé de la musique durant l'Occupation (l'adjoint à la culture a finalement dû s'excuser après avoir découvert, un peu tard, que

Dutilleux avait été un résistant et qu'écrire de la musique était son métier).

Dans un autre registre, puisque la musique de rue, c'est sympa, et que le désir de silence, c'est réac, les autorités se soucient comme d'une guigne de faire respecter les réglementations. Le métier de chanteur ou de musicien de rue est pourtant encadré depuis des siècles, non par obscurantisme, mais pour protéger la quiétude des citadins dans une ville bruyante – plus encore avec l'aggravation des embouteillages et les percements de tranchées pour les câbles, qu'on rouvre six mois plus tard pour le gaz. Le fait de jouer du saxophone ou de la guitare amplifiée sur le trottoir se voit donc soumis à des autorisations qui ne font plus l'objet du moindre contrôle. Du coup, les places, les ponts et les berges se voient envahis par des cohortes de musiciens et de chanteurs venus de toute l'Europe ; sans parler des brigades de pseudo-accordéonistes qui jouent pour les touristes et transforment Édith Piaf en cauchemar pour les Parisiens. La mairie souhaite toutefois montrer qu'elle soutient l'esprit festif et organise des réunions pour « relancer la vie nocturne » – comme si la vitalité de celle-ci dépendait de programmes municipaux.

Une conception particulière de l'égalité la conduit également à pratiquer le nivellement par le bas. Les mairies des quatre premiers arrondissements ont ainsi fusionné dans un « souci d'équité ». Comme l'a expliqué la mairie dans une lettre adressée par la « Direction de la Démocratie, des Citoyen.ne.s et des Territoires » (ce qui n'est pas français, mais souligne le combat de la Ville pour l'égalité hommes/femmes), ces quatre arrondissements de moins de quarante mille habitants bénéficiaient, avec leurs quatre mairies, d'un avantage indu face aux arrondissements plus peuplés qui disposent d'une seule mairie... Faute de moyens dans cette ville surendettée par des travaux déments, il convient donc d'ôter des services aux plus gâtés plutôt que d'en prodiguer aux moins choyés ! L'opération devrait, en outre, se traduire par un avantage pour le pouvoir municipal : le nouvel arrondissement ayant plus de chances de voter à gauche que les quatre entités précédentes.

Sans doute la Ville a-t-elle toujours été, pour une part, un champ de bataille idéologique et l'illustration d'une vision politique affirmée à l'occasion d'événements, foires, expositions et banquets. Désormais, le message municipal se rappelle en permanence, au cours de la moindre promenade, à grand renfort de passages protégés couleur arc-en-ciel (pour lutter contre l'homophobie) ou de signalisations citoyennes (« Paris respire », « Quartier libre ») – en attendant la création d'une « rue aux enfants » réservée, dans chaque arrondissement, aux jeux des bambins et interdite aux voitures – n'en déplaise aux riverains qui n'auront qu'à s'adapter. Mieux encore : la façade de l'Hôtel de Ville, transformée en mur d'exposition, nous rappelle que la vertueuse mairie participe à tous les combats pour la liberté. Des photos agrandies de prisonniers d'opinion du monde entier à la liste des victimes de féminicide, elle se revêt volontiers de couleurs sombres pour rappeler les Parisiens au devoir de vigilance. Toujours du bon côté, la ville a fait éteindre les éclairages de la tour Eiffel par solidarité, entre autres, avec les rebelles d'Alep-Est bombardés par les forces de Bachar al-Assad… oubliant au passage les Yéménites victimes des bombardements saoudiens.

N'allez toutefois pas dire à Anne Hidalgo qu'elle fait fausse route. Elle vous regarderait de son œil noir, puis ricanerait avec mépris, comme chaque fois que l'opposition s'exprime. Car cette femme ne doute pas. Elle possède l'assurance propre à son camp, toujours persuadé d'incarner la justice et les valeurs morales, quand ses adversaires ne seraient guidés que par l'égoïsme et l'intérêt. Ceux qui ne pensent pas comme elle sont des ennemis de la démocratie.

Dernière promenade

Fuyant cette misère, ce bruit, cette agitation, cette propagande, je passe chaque année plus de temps loin de Paris. Quand je n'en peux plus des rassemblements citoyens, des rues embouteillées pour lutter contre la pollution, de la misère étalée sur les trottoirs, des perpétuelles mesures de sécurité, je m'enfuis dans ce village qui n'est encore qu'un village, au milieu de cette montagne qui n'est encore qu'une montagne et qui n'a pas de message à me délivrer. Du moins pour l'heure. La tendance est à l'œuvre, ici comme ailleurs, avec son déploiement de mesures inutiles : comme ces barrières installées au bord du ruisseau, en vertu du principe de précaution et d'une récente norme (probablement soutenue à Bruxelles par le lobby des barrières de rivière); ou comme cet excès de pédagogie citoyenne qui conduit à implanter des panneaux d'information le long des sentiers. Mais la vie est là, surtout, avec ses parfums, ses mystères, ses sentiers qui m'invitent à découvrir le monde, ses créatures cachées, ses mouvements dans les fourrés, sa végétation foisonnante, ses cascades forestières et ses points de vue enchanteurs.

Je suis joyeux, pourtant, quand il faut regagner Paris. Plein de projets et de résolutions, je prévois de goûter à nouveau les petits bonheurs que la ville offre au hasard des boutiques, des habitants, des fleurs dans les squares, des vernissages et des cocktails, des bruits de fontaines et de marchés, du cours de la Seine, des boulevards pluvieux et du soleil inondant les façades. Je vais redevenir ce piéton que j'étais, débarquant du Havre pour conquérir la capitale; je vais retourner au théâtre et déjeuner dans les bistrots, arpenter les musées oubliés et les vieilles bibliothèques... J'y songe encore en sortant du train puis en descendant en taxi le faubourg Saint-Martin : j'aime ses passages, ses commerces en tous genres, sa mairie du IXe arrondissement, son square de la Gaîté où planent encore quelques souvenirs d'Offenbach. Un peu plus loin, pourtant, une mesure de police bloque l'île de la Cité, m'obligeant à sortir de voiture avec ma valise et mes sacs. Je sens déjà grandir ma mauvaise humeur, qui retombe vite devant l'immeuble où j'échange quelques mots avec les garçons de café; puis dans mon appartement si plein d'objets, de livres et de tableaux familiers.

Tout à l'heure, j'irai faire quelques courses place Maubert, en évitant de regarder Notre-Dame dont la vision calcinée me désole. J'essaierai de ne pas pester contre l'enceinte militaire qui cache le square Jean-XXIII. Je me précipiterai dans la sinueuse rue de Bièvre d'où l'on aperçoit le Panthéon, puis sur la place du marché où les bistrots ont encore un air parisien. J'achèterai quelques produits dans cette droguerie-bazar, rue de la Montagne-Sainte-Geneviève, où le fils kabyle a repris le commerce de son père, avec le même sourire et la même réponse à tous les besoins. Ce quartier a conservé quelque chose de l'ancienne « Maube », connue pour sa pauvreté, ses clochards, mais aussi ses restaurants de couscous tenus depuis des générations par les mêmes familles… Paris est là, dans ce foisonnement longtemps préservé avant que l'assaut des marques commence à détruire, l'une après l'autre, chaque vieille boutique unique en son genre. Il plane encore ici quelque chose d'agréable à respirer : cet *air de Paris* que chantait Francis Lemarque en 1957 et qui résiste à tous les assassinats.

11

Reportage parisien

De notre envoyé spécial

« Étonnante ville, renaissant à travers l'Histoire pour ressembler, plus que jamais, au Paris de nos rêves. » Telle fut ma première réflexion en posant le pied sur le quai de la gare du Nord, deux ans après l'arrivée aux commandes d'une nouvelle équipe municipale et les changements survenus dans tout le pays. Le nouveau maire, on le sait, a voulu redonner toute leur importance aux chemins de fer et soutenir l'essor des trains de nuit qui relient la capitale française à l'Europe, au détriment des liaisons aériennes, soudain passées de mode dans cette ville si sensible à l'air du temps. Arrivé dans le hall, il m'a fallu un moment pour m'adapter à la signalétique et aux annonces qui utilisent uniquement la langue française et celle du pays de destination, mais plus du tout l'anglais, considéré par les pouvoirs publics comme « uniformisateur ». Il me reste heureusement quelques bribes de français et j'ai demandé où se trouvait la consigne, récemment remise en service, pour y poser mes bagages avant de débarquer devant la gare où s'alignaient les voitures chargeant ou déchargeant les passagers.

Moins sévèrement combattue que dans les villes comparables, la circulation n'a pourtant rien d'agressif et s'écoule avec fluidité sur les boulevards bien dégagés. Les contractuels en uniforme veillent comme de bons parents sur les couloirs de bus et de taxis. Ils pourchassent en revanche le moindre autocar de tour-opérateur qui se croirait bienvenu en ville :

– C'est interdit ! Demi-tour immédiatement et regagnez vos parkings. Sinon, c'est mille euros, à payer sur-le-champ !

Les chauffeurs s'exécutent et retournent vers les aires de stationnement aux portes de Paris – assez peu nombreuses en vérité pour achever de décourager le transport routier. Les touristes eux-mêmes ont donc pris l'habitude d'utiliser le train pour venir ici et se déplacer, comme les Parisiens, par leurs propres moyens. Quant aux deux-roues, moins nombreux que ces dernières années, ils sont aussi devenus moins agressifs depuis qu'une réglementation a établi leur responsabilité systématique en cas d'accident avec un piéton. Ils disposent toujours de leurs voies réservées, mais plus jamais à contresens, ce qui provoquait trop d'accidents et imposait aux passants une vigilance de chaque instant. Ils ont aussi vu leur nombre décroître depuis que le nouveau maire a lancé son grand « plan contre les marques » :

– Notre vie quotidienne n'est pas un terrain d'affichage pour enseignes commerciales, a-t-il lancé dans son fameux discours du 18 juin, avant d'égrener une série de mesures concrètes.

Celles-ci prévoient notamment l'interdiction de mettre en place sur la voie publique des véhicules à caractère publicitaire par leurs couleurs et leurs logos – d'où la disparition de la plupart des trottinettes et vélos électriques faussement gratuits, qui faisaient de leurs utilisateurs des hommes-sandwichs pour start-up. Ceux qui désirent se déplacer à bicyclette se sont reportés sur des véhicules personnels dont le marché prospère pour le plus grand bonheur des marchands de cycles. Mais cette restriction de l'affichage de marques s'étend aussi aux boutiques du quotidien, la Ville ayant souhaité mettre un terme à la prolifération des chaînes de distribution en édictant certaines règles qui proscrivent les noms anglais et imposent d'afficher le « genre » du magasin avant sa marque commerciale : finis, les *McDonald's*, *Carrefour Bio* et autres *KFC*, remplacés par des enseignes de « bazar », « épicerie » ou « café », sur lesquelles les commerçants inscrivent à nouveau leur patronyme.

Il règne en tout cas dans ces rues une animation joyeuse, une cordialité manifeste. La joie de vivre semble de retour en ville où chaque immeuble, chaque boutique est un régal pour les yeux. Les commerces, ateliers et entrepôts de toutes sortes se sont multipliés pour répondre aux besoins quotidiens, tandis que la loi de circulation réduisait les livraisons d'achats en ligne. Elle encadre la prolifération des messageries privées au bénéfice de la Poste que le nouveau maire, dans un réflexe un brin passéiste, semble considérer comme le seul service légitime, malgré les protestations de la commission de Bruxelles.

Quant à moi, je suis heureux que ce reportage m'ait conduit dans l'étonnante capitale française où le nouvel élu a décidé de faire le contraire de ses prédécesseurs, en vue de ranimer une idée plus singulière de Paris. Je l'ai constaté immédiatement en entrant dans une de ces brasseries qui s'alignent devant la gare : à l'intérieur résonnaient les conversations enjouées dans un épais nuage de fumée, mêlant les parfums de choucroute à ceux des cigarettes… Il est vrai que cette décision de rétablir des espaces fumeurs dans les restaurants crée de virulentes polémiques ; mais le maire s'accroche à ce qu'il considère comme une tradition urbaine, et revendique l'exemple du Japon où l'on fume à l'intérieur... mais pas dans la rue, ce qui évite de transformer celle-ci en poubelle.

*

Après déjeuner, j'ai pris le métro pour me rendre aux Halles où l'on m'a dit que se déroulaient des choses intéressantes. De fait, j'ai découvert ces trois grands entrepôts implantés devant l'église Saint-Eustache pour servir de « marché intermédiaire » aux commerces de bouche parisiens. Reliés par une ligne spéciale aux halles de Rungis, ces pavillons proposent chaque nuit une abondance de volailles, de viandes, de fruits et légumes, de poissons, où les commerçants et restaurateurs de la capitale viennent se fournir en produits frais. Il règne aux alentours une animation permanente dont témoigne la multiplication de bistrots... et aussi, paraît-il, un regain de prostitution dont le nouveau maire ne saurait se réjouir, mais qu'il refuse de contrôler sous prétexte que la sexualité des Parisiens n'est pas son affaire.

À l'extrémité est du quartier des Halles, j'ai admiré la Bourse du commerce et son dôme métallique, le plus ancien de la capitale, élégamment rénové voici quelques années grâce au mécénat de l'homme d'affaires François Pinault… ce qui n'a pas empêché le maire, après son élection, de préempter le bâtiment sous prétexte qu'« un fleuron du patrimoine n'a pas vocation à devenir le siège d'une collection privée ». Profitant du regain d'activités dans la capitale, il a rendu à l'édifice ses fonctions initiales au service du commerce. D'autres opérations du même type – qu'on appellerait, à l'échelle d'un État, des « nationalisations », mais qui sont plutôt des « municipalisations » – ont été menées, notamment dans le quartier de la Samaritaine, afin de limiter le nombre d'enseignes de luxe, et de favoriser le développement d'ateliers d'artisanat dont le manque est flagrant dans la capitale :

– Des plombiers, des menuisiers, des vitriers, voilà ce que nous préconisons ! a proclamé le maire dans son discours sur le sujet.

Le conseil municipal a également décidé de mettre un terme aux excès de ravalements et de travaux bruyants quand les promoteurs reconstruisent intégralement les immeubles de l'intérieur. Tout ce tintamarre qui assomme le voisinage fait désormais l'objet d'autorisations au cas par cas. Ces contraintes ont eu pour effet (heureux pour les uns, malheureux pour les autres) d'entraîner pour la première fois une stabilisation, voire une légère baisse des coûts de l'immobilier. Certains propriétaires, s'estimant lésés dans leurs droits, ont déposé des recours, mais le maire ne semble pas prêt à céder ; pas plus qu'il n'entend reculer sur sa nouvelle loi de logement social, qui impose la mise en place de 15 % d'habitations à loyer modéré par immeuble, à la charge de la copropriété – une façon selon lui de retrouver cette diversité qui caractérisait autrefois l'habitat parisien.

Poursuivant ma promenade en longeant la Seine, j'ai observé un moment les voitures qui glissaient en contrebas sur la voie rapide, face au magnifique panorama de la Conciergerie et du Palais de justice. Plus haut, sur le quai, s'écoulait une circulation tranquille, et j'ai profité de l'occasion pour m'arrêter devant quelques boîtes de bouquinistes pleines de belles reliures, de livres oubliés et de revues d'autrefois. Lors de mon dernier voyage à Paris, il y a dix ans, la circulation était démente et les mêmes bouquinistes étouffaient dans la pollution devant leurs coffres verts, pour la plupart furieusement taguées, cependant qu'en dessous, sur la berge, s'agitaient les *joggers* et les *runners*. Aujourd'hui, ceux qui désirent absolument courir s'inventent des itinéraires à travers la ville, devenue plus accueillante et moins envahie d'autos.

Un peu plus loin, place du Châtelet, j'ai découvert la nouvelle programmation du grand théâtre parisien dont l'ancienne équipe a été limogée au lendemain des élections. On se rappelle les propos enflammés du maire :

– Nous n'en pouvons plus de vos pesants spectacles sur les questions de genre. Nous n'en pouvons plus de vos tragédies de Racine revisitées pour évoquer l'immigration ou les violences sexuelles. Et nous n'en pouvons plus même, de vos comédies musicales en anglais qui font de Paris une banlieue de Broadway.

Les nouveaux programmes rappellent que ce ne fut pas toujours le cas, puisqu'on peut applaudir plusieurs opéras bouffes d'Offenbach, dont une nouvelle production de *La Vie parisienne* ; mais aussi une opérette des Années folles : le fameux *Là-haut !* d'Albert Willemetz et Maurice Yvain, au cours duquel un chœur entonne : « Le seul, le vrai paradis, c'est Paris. » Cette pièce fait accourir le public du monde entier qui se presse également aux premières d'opérettes viennoises, de zarzuelas espagnoles et même, sans sectarisme, de *musicals* anglo-américains – sans oublier les créations confiées chaque année à de jeunes créateurs désireux de renouer avec les divertissements qui ont fait la gloire de cette cité.

Attachée à soutenir la vie théâtrale, la mairie a mis un terme, en revanche, aux festivals qui se déroulaient toute l'année en place de Grève. Redevenue fort calme au cœur de la ville, celle-ci joue simplement son rôle de forum urbain où les passants se croisent et s'arrêtent sur un banc public. Tout juste la foule s'y rassemble-t-elle, une fois par mois, pour assister à une cérémonie qui reste sans doute la décision la plus contestable de la nouvelle municipalité. Elle a d'ailleurs fait réagir nombre de commentateurs du monde entier, estimant qu'on en revenait à la plus odieuse barbarie.

Est-ce une conséquence de cette obsession de l'histoire qui hante le nouveau maire ? S'est-il trop bien souvenu de cette façon qu'on avait, autrefois, de « pendre haut et court » les malfaiteurs sur cette même place, devant un public cruel et fasciné ? A-t-il voulu faire mieux que les bourreaux d'antan accomplissant l'abominable supplice de la roue ?

Qu'on se rassure, le maire de Paris n'a pas rétabli les exécutions capitales. Il n'en a d'ailleurs ni le pouvoir, ni l'envie – comme il l'a indiqué à de nombreuses reprises. Mais il a souhaité, par une mesure symbolique, montrer sa détermination à lutter contre ceux qui souillent et dégradent la capitale. C'est pourquoi il a décidé, le dernier dimanche de chaque mois, de procéder en public au « supplice de la fessée », infligé aux tagueurs de monuments contre lesquels il exerce une traque sans relâche.

Ils sont chaque fois une douzaine à monter pitoyablement les marches de l'échafaud, à s'aligner devant le public goguenard, puis enfin à se retourner et à baisser leur pantalon pour découvrir leur postérieur, sous les rires redoublés de l'assistance. Après quoi le bourreau municipal applique à chacun une double fessée. Quelques-uns poussent un gémissement. D'autres pleurent de honte. Au premier rang du public, les enfants s'amusent beaucoup…

*

– Tu n'as pas honte, espèce de facho ?

Ce cri m'a réveillé. Me voici à nouveau dégoulinant de sueur sur mon lit, adossé à l'oreiller, tandis que cette voix disgracieuse répète, ou plutôt hurle :

– Pauvre malade ! Dictateur en puissance ! Est-ce ainsi que tu rêves à tes moments perdus ? À ta place, je ne serais pas fier.

Il est vrai que je me suis laissé emporter par mes visions. Devenu le maire tout-puissant de Paris, je refaçonnais la ville à ma convenance. D'où la fureur de cette femme dressée devant moi :

– C'est cela, pour toi, le paradis ? Rétablir le Paris de tes grands-parents ? Imposer aux habitants les souvenirs d'un âge d'or qui n'a jamais existé ? Penses-tu vraiment faire mieux que moi ?

Anne a raison, sans doute. Ce ne sont que des chimères. En tout cas elle se trouve à nouveau ici, en chair et en os, bien décidée à me remettre dans le droit chemin. Elle n'a pas du tout l'intention de m'abandonner à mes pires penchants. Et, déjà, sur un ton plus posé, elle m'indique la suite du programme :

– Habille-toi, on va faire un tour à vélo.

– Mais, madame, je n'aime pas la bicyclette !

– Habille-toi, te dis-je !

Il n'y a rien à objecter. Je dois me laisser faire, écouter ses conseils, être de mon temps. Ce qui vaut toujours mieux que de lutter contre des moulins à vent. Je vais faire un effort. C'est promis.

Envoi durable

Et si je m'étais trompé sur toute la ligne ?

Et si Anne Hidalgo, avec le courage que certains lui prêtent, avait pris les justes décisions pour l'avenir de la capitale, montrant la voie à d'autres villes et amorçant la décrue de la pollution liée à l'automobile ?

Et si j'avais réellement souffert pendant toutes ces années *pour mon bien* – ou du moins pour le bien des enfants que je n'ai pas et celui des générations futures ?

Et si les années à venir transformaient vraiment Paris en oasis de bien-être qu'on entreverra peut-être, à la veille des élections municipales de 2020, après l'interruption provisoire des travaux, le temps de la campagne électorale ? Après quoi, les chantiers reprendront doublement pour préparer les Jeux olympiques, entraînant plusieurs nouvelles années de supplice à l'issue desquelles apparaîtra enfin cette ville merveilleuse, arborée, conviviale et festive… Le temps qu'une nouvelle équipe municipale vienne tout bouleverser avec d'autres projets censés rendre la vie meilleure encore.

J'aurais alors subi toutes ces épreuves pour la bonne cause – et mon sort n'a sans doute aucune importance au regard du destin de l'humanité. Mais ce livre aurait quand même atteint son but au moins sur un point : montrer la face sombre de cette glorieuse conquête ; la mesquinerie d'un esprit réfractaire au progrès, survivant égaré de l'ancien monde ; et les souffrances intimes qui auront accompagné ce changement de mode de vie urbain dans le premier quart du XXIe siècle.

Table

Du même auteur

Aux éditions Gallimard

L'Amoureux malgré lui, « L'infini », 1989.
Tout doit disparaître, « L'infini », 1992 (Folio n° 3800).
Gaieté parisienne, 1996 (Folio n° 3136).
Drôle de temps, 1997, Prix de la Nouvelle de l'Académie française (Folio n° 3472, avant-propos de Milan Kundera).
Les Malentendus, 1999 (Folio n° 4937).
Le Voyage en France, 2001, Prix Médicis (Folio n° 3901).
Service clientèle, 2003 (Folio n° 4153).
La Rebelle, 2004.
Les Pieds dans l'eau, 2008 (Folio n° 5037).
L'Été 76, 2011, (Folio n° 5577).
L'Ordinateur du paradis, 2014, (Folio n° 6171).
Livre pour adultes, 2016 (Folio n° 6466).
En marche !, 2018 (Folio 6765).

Aux éditions Fayard

La Petite Fille et la cigarette, 2005 (Folio n° 4510).
Chemins de fer, 2006 (Folio n° 4774).
La Cité heureuse, 2007.
L'Opérette en France, 1997 ; nouvelle édition, Fayard, 2009.
Le Retour du Général, 2010 (Folio n° 5384).
À nous deux, Paris !, 2012 (Folio n° 5690)
Polémiques, 2013.
Pourquoi je préfère rester chez moi, 2017
La Mort de Fernand Ochsé, 2018.

Du même auteur *(suite)*

Chez d'autres éditeurs

Sommeil perdu, Grasset, 1985.

Requiem pour une avant-garde, 1995; nouvelle édition, Les Belles Lettres, 2005.

À propos des vaches, 1987; nouvelle édition, Les Belles Lettres, 2000 (La Petite Vermillon n° 194).

Le Grand Embouteillage, Le Rocher, 2002.

Ma Belle Époque, Bartillat, 2007.

Ballets roses, Grasset, 2009.

La Nostalgie des buffets de gare, Payot, 2015.

Deux amants, c'est beaucoup mieux !, Incipit, 2016.

Composition réalisée par Belle Page

CET OUVRAGE
A ÉTÉ ACHEVÉ D'IMPRIMER
SUR ROTO-PAGE
PAR L'IMPRIMERIE FLOCH À MAYENNE
EN JANVIER 2020

PAPIER À BASE DE
FIBRES CERTIFIÉES

Fayard s'engage pour
l'environnement en réduisant
l'empreinte carbone de ses livres.
Celle de cet exemplaire est de :
850 g éq. CO_2
Rendez-vous sur
www.fayard-durable.fr

Dépôt légal : janvier 2020
N° d'impression : 95570
28-2363-3/01
Imprimé en France